汽车类（图解版）中等职业教育系列教材

二手车鉴定与评估
（第 2 版）

主　编　马海英
副主编　李明海　欧阳泳
参　编　韦　善

北京理工大学出版社
BEIJING INSTITUTE OF TECHNOLOGY PRESS

内容简介

本书根据汽车类专业教学标准及从事汽车职业的在岗人员对基础知识、基本技能和基本素质的需求，结合汽车专业人才培养的目的，重点介绍汽车基础知识、二手车鉴定评估实务、二手车技术状况鉴定、二手车价值评估、汽车碰撞损伤评估、二手车收购评估与销售定价、二手车交易实务等内容。

全书讲解清晰、简练，配有大量的图片，明了直观。本书按照二手车鉴定与评估作业项目的实际过程，结合目前职业院校流行的模块化教学的实际需求，理论联系实际，重视理论，突出实操。

本书适合作为职业院校汽车专业教材，也可作为汽车售后服务站专业技术人员的培训教材。

版权专有　侵权必究

图书在版编目（CIP）数据

二手车鉴定与评估 / 马海英主编 . -- 2 版 . -- 北京：北京理工大学出版社，2019.10（2024.1 重印）

ISBN 978 - 7 - 5682 - 7731 - 0

Ⅰ . ①二… Ⅱ . ①马… Ⅲ . ①汽车 – 鉴定 – 高等学校 – 教材②汽车 – 价格评估 – 高等学校 – 教材 Ⅳ .
① U472.9 ② F766

中国版本图书馆 CIP 数据核字（2019）第 248819 号

责任编辑：陆世立	文案编辑：陆世立
责任校对：周瑞红	责任印制：边心超

出版发行 /	北京理工大学出版社有限责任公司
社　　址 /	北京市丰台区四合庄路 6 号
邮　　编 /	100070
电　　话 /	（010）68914026（教材售后服务热线）
	（010）68944437（课件资源服务热线）
网　　址 /	http：// www.bitpress.com.cn
版 印 次 /	2024 年 1 月第 2 版第 4 次印刷
印　　刷 /	定州市新华印刷有限公司
开　　本 /	787 mm × 1092 mm　1/16
印　　张 /	14
字　　数 /	285 千字
定　　价 /	38.00 元

图书出现印装质量问题，请拨打售后服务热线，负责调换

前言 FOREWORD

截至 2019 年 6 月，我国汽车保有量已经突破了 2.5 亿辆。这也预示着存在一个巨大的二手车交易市场。根据国外汽车发展经验，新车在使用 4～5 年后会进入二手车交易市场，实现资源的重新配置。在美国，新车和二手车的交易比例约为 1∶3，也就是说，在卖出一辆新车的同时有 3 辆二手车在交易。对于已经拥有汽车的人来说，将手中的在用车作为二手车卖掉而换购新车也是合理的选择。我国汽车行业的发展，加上人们消费水平和消费观念不断提高和改变，大量的在用车将逐步进入二手车市场，从中高收入人群流向中低收入人群，满足不同层次消费者对汽车消费的需求。

本书是适应我国二手车市场发展的需求，面向二手车鉴定评估师的职业岗位，针对该岗位应掌握的知识、应熟练的技能、应具备的职业素养要求，以项目教学法为主线，围绕实际工作过程和岗位技能需求来构建教学内容。包括汽车基础知识、二手车鉴定评估实务、二手车技术状况鉴定、二手车价值评估、汽车碰撞损伤评估、二手车收购评估与销售定价、二手车交易实务等内容。

本书的主要特点如下：

1. 构建新颖体例，体现科学性和创新性

本书以二手车鉴定与评估的工作过程为导向，以典型的二手车鉴定与评估工作任务为载体，充分体现项目引领、任务驱动、理实一体的教学模式。以项目教学为主线编写，体例精心设计、清晰合理，内容丰富，符合中职学生的认知规律，有利于提高学习效果。

2. 对接国家标准，体现先进性和前瞻性

本书编者团队一直致力于汽车专业教育教学改革的前沿，积累了丰富的教学改革经验。教材编写内容中吸纳了最新的职业教育教学理念和课程改革成果，认真落实课证融通教学改革新思路，达到教、学、用一体贯通，体现基础性和前瞻性的统一。

3. 校企紧密合作，体现职业性和开放性

依托编者所在院校与国内多家大型汽车品牌企业的紧密合作关系，广泛聘请了企业高级技术人员参与到教材编写过程中，编者团队多次深入到二手车相关职业岗位实地考察和实习，获得了来自行业企业一线的真实而丰富的教学素材和资源。在教材的编写中，始终围绕实际的二手车评估相关岗位内容和知识技能点进行，采用了大量的实际案例，保证了教学内容对接职业岗位，充分体现了职业教育的职业性和开放性。

4. 配套丰富资源，体现适用性和实用性

本书结合课程内容，配套了图文并茂、美观大方的教学课件、教案、实训单据和题库，辅助教师的教学工作，便于教师好用、好教；同时配有丰富的教学视频，辅助学生学习，提升学生学习兴趣，让学生学习更轻松，助于学生好学、乐学。

本书图文并茂、通俗易懂，适合作为职业院校汽车专业教材，也可作为汽车售后服务站专业技术人员的培训教材。

由于作者水平有限，书中可能会有疏漏和不妥之处，欢迎读者批评指正。

编 者

目录 CONTENTS

课题一　汽车基础知识 ··· 1

　　任务一　汽车分类及型号编制规则 ·· 2
　　任务二　车辆识别代号 ·· 10
　　任务三　汽车主要性能参数 ·· 14
　　任务四　汽车的使用寿命 ·· 26

课题二　二手车鉴定评估实务 ·· 32

　　任务一　二手车鉴定评估概述 ··· 33
　　任务二　二手车鉴定评估的前期准备工作 ·· 44
　　任务三　二手车证件核查 ·· 49

课题三　二手车技术状况鉴定 ·· 59

　　任务一　静态检查 ··· 60
　　任务二　动态检查 ··· 66
　　任务三　仪器检查 ··· 72

课题四　二手车价值评估 ·· 94

　　任务一　二手车成新率的计算 ··· 95
　　任务二　现行市价法 ··· 104
　　任务三　重置成本法 ··· 109
　　任务四　收益现值法 ··· 114
　　任务五　清算价格法评估二手车价值 ··· 116
　　任务六　二手车评估方法的选择及案例分析 ···································· 119
　　任务七　二手车鉴定评估报告书撰写 ··· 123

课题五　汽车碰撞损伤评估 ·· 132

　　任务一　汽车碰撞损坏 ·· 133
　　任务二　碰撞损伤的检验与测量 ·· 142
　　任务三　主要零部件损伤评估 ·· 148

课题六　二手车收购评估与销售定价 ·· 159

　　任务一　二手车营销与市场分析 ·· 160
　　任务二　二手车收购评估 ·· 175
　　任务三　二手车销售定价 ·· 178

课题七　二手车交易实务 ·· 183

　　任务一　二手车交易类型 ·· 184
　　任务二　二手车交易过户业务 ·· 188
　　任务三　办理车辆转移过户登记手续 ···································· 194
　　任务四　办理其他税、证变更 ·· 202
　　任务五　二手车交易合同 ·· 206

参考文献 ··· 218

课题一

汽车基础知识

【知识目标】

1. 了解汽车的分类；
2. 掌握汽车型号的编制规则；
3. 了解车辆识别代号的基本内容，能够从车辆识别代号中读取该车的基本信息；
4. 掌握汽车主要性能参数的含义；
5. 理解汽车使用寿命的含义与影响因素。

【技能目标】

1. 会识别汽车类型；
2. 掌握汽车性能要求的各个项目。

任务一　汽车分类及型号编制规则

随着人们对汽车要求的逐渐提高，汽车的用途日趋广泛，汽车结构和装置不断地改进，种类也越来越多，汽车分类方法也有不同的变化。新的车型统计分类是在参考 GB/T 3730.1—2001《汽车和挂车类型的术语和定义》和 GB/T 15089—2001《机动车辆及挂车分类》，并结合我国汽车工业的发展状况制订的。

一、汽车的定义

汽车（motor vehicle）是由动力驱动，具有 4 个或 4 个以上车轮的非轨道承载的车辆，主要用于：载运人员和/或货物、牵引载运人员和/或货物，以及特殊用途。

除此之外，与电力线相联的车辆，如无轨电车，整车整备质量超过 400 kg 的三轮车辆也被纳入汽车的范畴统计。

二、汽车的分类、术语和定义

我国汽车目前的分类与国际通行的称谓基本一致，分为乘用车和商用车两大类。由于各国在车型细分上标准不一，因此我国对于乘用车和商用车的细分类是按照自身的特点进行划分的，具体如下：

1. 乘用车

乘用车是指（passenger car）在设计和技术特性上主要用于载运乘客及其随身行李和/或临时物品的汽车，包括驾驶员座位在内最多不超过 9 个座位。它也可以牵引一辆挂车。与旧分类相比，乘用车涵盖了轿车、微型客车以及不超过 9 座的轻型客车。

（1）普通乘用车

普通乘用车（saloon）如图 1-1 所示。
车身：封闭式，侧窗中柱有或无。
车顶（顶盖）：固定式，硬顶有的顶盖一部分可以开启。
座位：4 个或 4 个以上座位，至少两排。后座椅可折叠或移动，以形成装载空间。
车门：2 个或 4 个侧门，可有一后开启门。

图 1-1　普通乘用车

（2）活顶乘用车

活顶乘用车（convertible saloon）如图1-2所示。

车身：具有固定侧围框架的可开启式车身。

车顶（顶盖）：车顶为硬顶或软顶，至少有两个位置：①封闭；②开启或拆除。可开启式车身可以通过使用一个或数个硬顶部件和/或合拢软顶将开启的车身关闭。

座位：4个或4个以上座位，至少两排。

车门：2个或4个侧门。

车窗：4个或4个以上侧窗。

图1-2　活顶乘用车

（3）高级乘用车

高级乘用车（pullman saloon）如图1-3所示。

车身：封闭式，前后座之间可以设有隔板。

车顶（顶盖）：固定式，硬顶。有的顶盖一部分可以开启。

座位：4个或4个以上座位，至少两排。后排座椅前可安装折叠式座椅。

车门：4个或6个侧门，也可有一个后开启门。

车窗：6个或6个以上侧窗。

图1-3　高级乘用车

（4）小型乘用车

小型乘用车（coupe）如图1-4所示。

车身：封闭式，通常后部空间较小。

车顶（顶盖）：固定式，硬顶。有的顶盖一部分可以开启。

座位：2个或2个以上座位，至少一排。

车门：2个侧门，也可有一个后开启门。

车窗：2个或2个以上侧窗。

图1-4　小型乘用车

（5）敞篷车

敞篷车（convertible）如图1-5所示。

车身：可开启式。

车顶（顶盖）：车顶可为软顶或硬顶，至少有两个位置：①遮覆车身；②车顶卷收或可拆除。

座位：2个或2个以上座位，至少一排。

车门：2个或4个侧门。

车窗：2个或2个以上侧窗。

图1-5　敞篷车

（6）仓背乘用车

仓背乘用车（hatchback）如图1-6所示。

车身：封闭式，侧窗中柱可有可无。

车顶（顶盖）：固定式，硬顶。有的顶盖一部分可以开启。

座位：4个或4个以上座位，至少两排。后座椅可折叠或可移动，以形成一个装载空间。

车门：2个或4个侧门，车身后部有一个仓门。

图1-6　仓背乘用车

（7）旅行车

旅行车（station wagon）如图1-7所示。

车身：封闭式。

车顶（顶盖）：固定式，硬顶。有的顶盖一部分可以开启。

座位：4个或4个以上座位，至少两排。座椅的一排或多排可拆除，或装有向前翻倒的座椅靠背，以提供装载平台。

车门：2个或4个侧门，并有一后开启门。

车窗：4个或4个以上侧窗。

图1-7　旅行车

（8）多用途乘用车

多用途乘用车（multipurpose passenger car）如图1-8所示。

上述7种车辆以外的，只有单一车室载运乘客及其行李或物品的乘用车为多用途乘用车。但是，如果这种车辆同时具有下列两个条件，则不属于乘用车而属于货车：

1）除驾驶人以外的座位数不超过6个（只要车辆具有可使用的座椅安装点，就应算"座位"存在）。

2）$P-(M+N\times 68) > N\times 68$

式中：P——最大设计总质量；

M——整车整备质量与一位驾驶人质量之和；

N——除驾驶人以外的座位数。

图1-8　多用途乘用车

（9）短头乘用车

短头乘用车（forward control passenger car）如图1-9所示。

短头乘用车一半以上的发动机长度位于车辆前风窗玻璃最前点以后，并且转向盘的中心位于车辆总长的前四分之一部分内。

（10）越野乘用车

越野乘用车（off-road passenger car）如图1-10所示。

图1-9　短头乘用车

越野乘用车是指在设计上所有车轮同时驱动（包括一个驱动轴可以脱开的车辆），或其几何特性（接近角、离去角、纵向通过角，最小离地间隙）、技术特性（驱动轴数、差速锁止机构或其他形式机构）和它的性能（爬坡度）允许在非道路上行驶的一种乘用车。

图 1-10　越野乘用车

（11）专用乘用车

专用乘用车（special purpose passenger car）如图 1-11 所示。

专用乘用车是指运载乘员或物品并完成特定功能的乘用车，它具备完成特定功能所需的特殊车身和/或装备，如旅居车、防弹车、救护车、殡仪车等。

图 1-11　专用乘用车

2. 商用车

商用车（commercial vehicle）在设计和技术特征上用于运送人员和货物，并且可以牵引挂车，乘用车不包括在内。相比于旧分类，商用车包含了所有的载货汽车和 9 座以上的客车。

（1）客车

客车（bus）如图 1-12 所示。

客车是指在设计和技术特性上用于载运乘客及其随身行李的商用车辆，包括驾驶人座位在内座位数超过 9 座。客车有单层的或双层的，也可牵引一挂车。

（2）半挂牵引车

半挂牵引车（semi-trailer towing vehicle）如图 1-13 所示。

半挂牵引车是指装备有特殊装置，用于牵引半挂车的商用车辆。

图 1-12　客车

图 1-13　半挂牵引车

（3）货车

货车（goods vehicle）如图1-14所示。

货车是指一种主要为载运货物而设计和装备的商用车辆，它能否牵引一挂车均可。

图1-14　货车

三、汽车产品型号的编制规则

目前我国汽车型号编制规则使用的是 GB/T 9417—1988《汽车产品型号编制规则》，该标准规定了编制各类汽车产品型号的术语及构成，并且适用于新设计定型的各类汽车和半挂车。不适用于军用特种车辆（如装甲车、水陆两用车、导弹发射车等）。

1. 汽车产品型号的组成

汽车产品型号由企业名称代号、车辆类别代号、主参数代号、产品序号组成，必要时附加企业自定代号，如图1-15所示。对于专用汽车及专用半挂车还应增加专用汽车分类代号，如图1-16所示。为了避免与数字混淆，不应采用汉语拼音字母中的"I"和"O"。

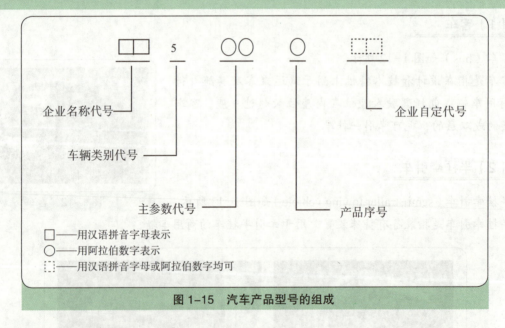

图1-15　汽车产品型号的组成

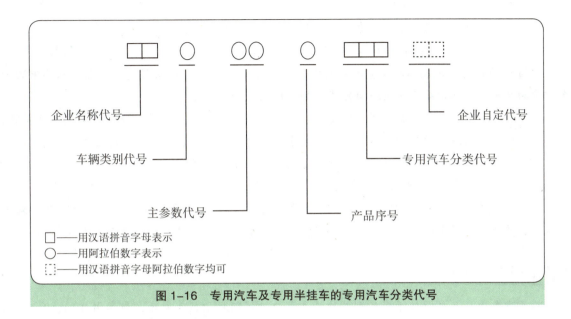

图1-16 专用汽车及专用半挂车的专用汽车分类代号

2. 汽车产品型号的内容

（1）企业名称代号

企业名称代号位于产品型号的第1部分，用代表企业名称的2个或3个汉语拼音字母表示。

（2）车辆类别代号

各类汽车的类别代号位于产品型号的第2部分，用1位阿拉伯数字表示，见表1-1。

表1-1 各类汽车的类别代号

车辆类别代号	车辆种类	车辆类别代号	车辆种类
1	载货汽车	5	专用汽车
2	越野汽车	6	客车
3	自卸汽车	7	轿车
4	牵引汽车	9	半挂车及专用半挂车

注：表1-1也适用于所列车辆的底盘。

（3）主参数代号

各类汽车的主参数代号位于产品型号的第3部分，用2位阿拉伯数字表示。

1）载货汽车、越野汽车、自卸汽车、牵引汽车、专用汽车与半挂车的主参数代号为车辆的总质量（t）。牵引汽车的总质量包括牵引座上的最大总质量。当总质量在100 t以上时，允许用3位数字表示。

2）客车及客车半挂车的主参数代号为车辆长度（m）。当车辆长度小于10 m时，应精确到小数点后一位,并以长度(m)值的十倍数值表示。

3)轿车的主参数代号为发动机排量(L),应精确到小数点后一位,并以其值的十倍数值表示。若一个轿车产品同时选装不同排量的发动机,且其变化范围大于10%时,允许企业以其中的一个排量为主参数,其他排量用企业自定代号加以区别。

4)专用汽车及专用半挂车的主参数代号,当采用定型汽车底盘或定型半挂车底盘改装时,若其主参数与定型底盘原车的主参数之差不大于原车的10%,则应沿用原车的主参数代号。

5)主参数的数字修约按GB 8170—1987《数值修约规则》的规定。

6)主参数不足规定位数时,在参数前以"0"占位。

当车辆主参数有变化,但不大于原定型设计主参数的10%时,其主参数代号不变;大于10%时,应改变主参数代号;若因为数字修约而主参数代号不变时,则应改变其产品序号。

(4)产品序号

各类汽车的产品序号位于产品型号的第4部分,用阿拉伯数字表示,数字由0、1、2……依次使用。

(5)专用汽车分类代号

专用汽车分类代号位于产品型号的第5部分,用反映车辆结构和用途特征的3个汉语拼音表示。结构特征代号按表1-2的规定,如图1-17所示。

表1-2 专用汽车结构特征代号

结构类型	结构特征代号	结构类型	结构特征代号
厢式汽车	X	特种结构汽车	T
罐式汽车	G	起重举升汽车	J
专用自卸汽车	Z	仓栅式汽车	C

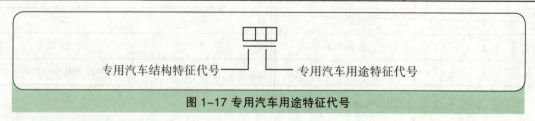

图1-17 专用汽车用途特征代号

(6)企业自定代号

企业自定代号位于产品型号的最后部分,同一种汽车结构略有变化而需要区别时(例如,汽油、柴油发动机,长、短轴距,单、双排驾驶室,平、凸头驾驶室,左、右置转向盘等),可用汉语拼音字母和阿拉伯数字表示,位数也由企业自定。供用户选装的零部件(如暖风装置、收音机、地毯、绞盘等)不属于结构特征变化,应不给予企业自定代号。

3. 汽车产品型号示例

例1　CA1091：表示第一汽车制造厂生产的第二代载货汽车，总质量为 9 310 kg。

例2　EQ2080：表示第二汽车制造厂生产的第一代越野汽车，越野时总质量为 7 720 kg。

例3　CQC3090：表示重庆汽车制造厂生产的第一代自卸汽车，总质量为 9 240 kg。

例4　HY4300：表示汉阳特种汽车制造厂生产的第一代公路上行驶的牵引汽车，总质量为 30 000 kg。

例5　JG5090XBW：表示济南汽车改装厂生产的第一代保温汽车，采用 EQ1090 汽车底盘改装。

例6　LQ9050XLY：表示兰州专用汽车制造厂生产的第一代野外淋浴半挂车，总质量为 5 000 kg。

例7　TJ6481：表示天津客车厂生产的第二代客车，车长为 4750 mm。

例8　SH7221：表示上海汽车厂生产的第二代轿车，发动机排量为 2.2 321 L。

例9　QD9151：表示青岛汽车制造厂生产的第二代半挂运输车，总质量为 15 010 kg。

任务二 车辆识别代号

目前世界各国汽车公司生产的汽车大部分使用了VIN（vehicle identification number）车辆识别代号。VIN车辆识别代号由一组字母和阿拉伯数字组成，共17位，又称17位识别代号。它是识别一辆汽车不可缺少的工具，可以把它看做汽车的身份证号码。

一、车辆识别代号的基本要求

车辆识别代号的基本要求如下：

1）每一辆汽车、挂车、摩托车和轻便摩托车都必须具有车辆识别代号。

2）在30年内生产任何车辆的识别代号不得相同。

3）车辆识别代号应尽量位于车辆的前半部分易于看到、且能防止磨损或替换的部位。

4）9人座或9人座以下的车辆和最大总质量不大于3.5 t的载货汽车的车辆识别代号应位于仪表板上靠近风窗立柱的位置，在白天日光照射下，观察者不需移动任一零部件，从车外即可分辨出车辆识别代号。

5）车辆识别代号的字码在任何情况下都应是字迹清楚、坚固耐久和不易替换的。车辆识别代号的字码高度：若直接打印在汽车和挂车（车架、车身等部件）上，至少应为7 mm高；其他情况至少应为4 mm高。

6）车辆识别代号仅能采用下列阿拉伯数字和大写拉丁字母（字母I、O和Q不能使用）：1、2、3、4、5、6、7、8、9、0、A、B、C、D、E、F、G、H、J、K、L、M、N、P、R、S、T、U、V、W、X、Y、Z。

7）车辆识别代号在文件上表示时应写成一行，且不要空格，打印在车辆或车辆标牌上时也应标示在一行。特殊情况下，由于技术上的原因必须标示在两行上时，两行之间不应有间隙，每行的开始与终止处应选用一个不同于车辆识别代号字码的分隔符。

二、车辆识别代号的基本内容

车辆识别代号由3个部分组成：第1部分——世界制造厂识别代号（WMI），第2部分——车辆说明部分（VDS），第3部分——车辆指示部分（VIS）如图1-18所示。

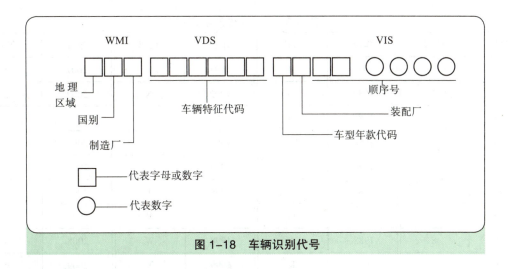

图 1-18　车辆识别代号

1. 第 1 部分——世界制造厂识别代号

第 1 部分必须经过申请、批准和备案后方能使用。

1）世界制造厂识别代号的第 1 位字码是标明一个地理区域的字母或数字；第 2 位是标明一个特定地区内的一个国家的字母或数字。第一、二位字码的组合将能保证国家识别标志的唯一性。第 3 位字码是标明某个特定的制造厂的字母或数字。第 1~3 位字码的组合能保证制造厂识别标志的唯一性。

2）对于年产量≥500 辆的制造厂，世界制造厂识别代号由以上所述的 3 位字码组成；对于年产量＜500 辆的制造厂，世界制造厂识别代号的第 3 位字码为数字 9。此时车辆指示部分的第 3~5 位字码将与第 1 部分的 3 位字码作为世界制造厂识别代号。

2. 第 2 部分——车辆说明部分

第 2 部分由 6 位字码组成，如果制造厂不用其中的一位或几位字码，应在该位置填入制造厂选定的字母或数字占位。此部分应能识别车辆的一般特性，其代号顺序由制造厂决定。

3. 第 3 部分——车辆指示部分

第 3 部分由 8 位字码组成，其最后 4 位字码应是数字。

1）第一位字码指示年份，年份代码按表 1-3 的规定使用（30 年循环一次）。

表 1-3 标示年份的字码

年份	代码	年份	代码	年份	代码	年份	代码
1971	1	1981	B	1991	M	2001	1
1972	2	1982	C	1992	N	2002	2
1973	3	1983	D	1993	P	2003	3
1974	4	1984	E	1994	R	2004	4
1975	5	1985	F	1995	S	2005	5
1976	6	1986	G	1996	T	2006	6
1977	7	1987	H	1997	V	2007	7
1978	8	1988	J	1998	W	2008	8
1979	9	1989	K	1999	X	2009	9
1980	A	1990	L	2000	Y	2010	A

（2）第二位字码可用来指示装配厂，若无装配厂，制造厂可规定其他的内容。

（3）如果制造厂生产的某种类型的车辆年产量辆≥500辆，第3～8位字码表示生产顺序号；如果制造厂的年产量<500辆，则此部分的第3～5位字码应与第1部分的3位字码一起来表示一个车辆制造厂。

三、车辆识别代号编码实例

1）美国通用汽车公司（GMC）生产的轿车（1983～1994年）的VIN如下：

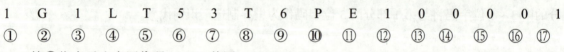

第①位表示生产国代码：1——美国。

第②位为生产厂家代码：G——通用汽车公司。

第③位为具体生产部门代码：1——雪佛兰车部。

第④～⑤位为车型及系列代码：LT——科西佳（Corsica）"LT"。

第⑥位为车身类型代码：5——四门轿车。

第⑦位为乘客安全保护装置代码：3——手动安全带及驾驶员侧安全气囊。

第⑧位为发动机类型代码：T——3.1L V6 MFI。

第⑨位为VIN检验数代码。

第⑩位为车型车款代码：P——1993。

第⑪位为总装工厂代码：E——LINDEN, NJ。

第⑫～⑰位为出厂顺序号代码。

2）我国神龙汽车有限公司车辆识别代号编码（LDC）如下：

L D C 1 3 1 D 2 0 1 0 0 0 2 0 8 0 8

① ② ③ ④ ⑤ ⑥ ⑦ ⑧ ⑨ ⑩ ⑪ ⑫ ⑬ ⑭ ⑮ ⑯ ⑰

第①～③位为汽车生产国别企业工厂代码：LDC——神龙汽车有限公司。

第④～⑤位为车型系列代码：13——RL·神龙·富康 ZX 1.46L 型轿车。

第⑥位为汽车类型代码：1——两厢五门轿车。

第⑦位为发动机类型代码：D——TU3JP/K 装有三元催化器。

第⑧位为变速器类型代码：2——五挡 MA 变速器。

第⑨位为 VIN 检验数代码。

第⑩位为车型车款代码：1——2001。

第⑪位为总装工厂代码：0——湖北武汉蔡甸区神龙汽车有限公司。

第⑫～⑰位为出厂顺序号代码。

任务三 汽车主要性能参数

一、汽车的主要技术参数

1. 尺寸参数

（1）车长

车长是指垂直于车辆纵向对称平面，并分别抵靠在汽车前、后最外端突出部位的两垂面之间的距离，如图1-19所示。

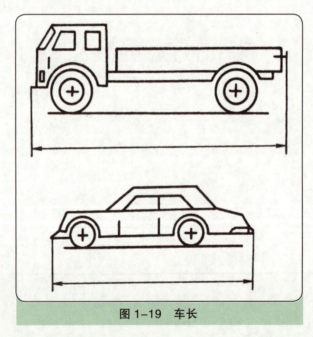

图1-19 车长

全挂车长，其定义同上，但全挂车长有包括和不包括牵引杆两种长度，按国家标准规定，第二个数值写在括号内。在确定包括有牵引杆在内的全挂车长时，牵引杆应位于车辆正前方，牵引杆的销孔或连接头中心线应垂直于水平面。

半挂车长，其定义同上，但半挂车除全长外，还有半挂车牵引杆销中心至半挂车后端之间的距离，此数值按国家标准规定写在括号内。

国家标准GB 1589—2004《道路车辆外廓尺寸、轴荷及质量限值》及GB 7258—2012《机动车运行安全技术条件》均规定，我国道路车辆的汽车总长极限尺寸如下：

1）三轮汽车车长为4 600 mm，当采用转向盘转向、由传动轴传递动力、具有驾驶室且驾驶员座椅后设计有物品放置空间时，车长为5 200 mm。

2）货车及半挂牵引车。车长限值不适用于不以运输为目的的专用作业车；最大设计总质量不超过 26 000 kg 的汽车起重机的车长限值为 13 000 mm。货车及半挂牵引车车长限值见表 1-4。

表 1-4　货车及半挂牵引车车长限值

汽车类型	设计总质量 /mm	车长 /mm
二轴	最大设计总质量 ≤ 3 500 kg	6 000 mm
二轴	最大设计总质量 > 3 500 kg，且 ≤ 8 000 kg	7 000 mm[①]
二轴	最大设计总质量 > 8 000 kg，且 ≤ 12 000 kg	8 000 mm[①]
二轴	最大设计总质量 > 12 000 kg	9 000 mm[①]
三轴	最大设计总质量 ≤ 20 000 kg	11 000 mm
三轴	最大设计总质量 > 20 000 kg	12 000 mm
四轴		12 000 mm

注：① 当货厢与驾驶室分离，且货厢为整体封闭式时，车长限值增加 1 000 mm。

3）乘用车及客车。乘用车及客车车长限值见表 1-5。

表 1-5　乘用车及客车车长限值

汽车类型	车长 /mm
乘用车及二轴客车	12 000 mm
三轴客车	13 700 mm
单铰接客车	18 000 mm

4）挂车。挂车车长限值见表 1-6。

表 1-6　挂车车长限值

汽车类型		车长 /mm
半挂车[①]	一轴	8 600 mm
半挂车[①]	二轴	10 000 mm[②]
半挂车[①]	三轴	13 000 mm[③]
中置轴（旅居）挂车		8 000 mm
其他挂车	最大设计总质量 ≤ 10 000 kg	7 000 mm
其他挂车	最大设计总质量 > 10 000 kg	8 000 mm

注：① 运送不可拆解物体的低平板专用半挂车车宽限值 3 000 mm；车长限值不适用于运送不可拆解物体的低平板专用半挂车、运送车辆的专用半挂车（但与牵引车组成的列车长度需符合本规定）和运送单箱长度大于 12.2 m（40 ft）集装箱的框架式集装箱半挂车。

② 对于整体封闭式厢式半挂车、集装箱半挂车，以及组成五轴汽车列车的罐式半挂车，车长最大限值为 13 000 mm。

③ 自 2008 年 1 月 1 日起，在高等级公路上使用的整体封闭式厢式半挂车，车长最大限值为 14 600 mm。

5）汽车列车。汽车列车车长限值见表1-7。

表1-7 汽车列车车长限值

汽车类型	车长/mm
铰接列车	16 500[①]
货车列车	20 000

注：① 运送不可拆解物体的低平板列车和运送单箱长度大于12.2 m（40 ft）集装箱的框架式集装箱列车除外；自2008年1月1日起，与整体封闭式厢式半挂车组成的铰接列车在高等公路上使用时，车长最大限值为18 100 mm。

（2）车宽

车宽是指平行于车辆纵向对称平面，并分别抵靠车辆两侧固定突出部位（除后视镜、侧面标志灯、转向指示灯、挠性挡泥板、折叠式踏板、防滑链及轮胎与地面接触部分的变形外）的两平面之间的距离，如图1-20所示。

国家标准GB 1589—2004《道路车辆外廓尺寸、轴荷及质量限值》及GB 7258—2012《机动车运行安全技术条件》均规定，我国道路车辆车宽的极限尺寸如下：

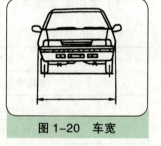

图1-20 车宽

1）三轮汽车车宽为1 600 mm，当采用转向盘转向、由传动轴传递动力、具有驾驶室且驾驶员座椅后设计有物品放置空间时，车宽1 800 mm。

2）最高设计车速小于70 km/h的四轮货车，车宽为2 000 mm。

3）其他车宽为2 500 mm。

对于货厢为整体封闭式的厢式货车（且货厢与驾驶室分离）、整体封闭式厢式半挂车及整体封闭式厢式汽车列车，以及车长大于11 000 mm的客车，车宽最大限值为2 550 mm。

运送不可拆解物体的低平板挂车列车车宽限值为3 000 mm。

（3）车高

车高是指车辆没有装载且处于可运行状态时，车辆支撑平面与车辆最高突出部位相抵靠的水平面之间的距离，如图1-21所示。

国家标准GB 1589—2004《道路车辆外廓尺寸、轴荷及质量限值》及GB 7258—2012《机动车运行安全技术条件》均规定，我国道路车辆的车高极限尺寸如下：

图1-21 车高

1）三轮汽车车高为2 000 mm，当采用转向盘转向、由传动轴传递动力、具有驾驶室且驾驶员座椅后设计有物品放置空间时，车高为2 200 mm。

2）最高设计车速小于70 km/h的四轮货车，车高为2 500 mm。

3）其他车高为4 000 mm。

定线行驶的双层客车高度限值为 4 200 mm。

对于集装箱挂车列车，车高指装备空集装箱时的高度。2007 年 1 月 1 日以前，集装箱挂车列车的车高最大限值为 4 200 mm。

（4）其他尺寸规定

国家标准 GB 1589—2016《道路车辆外廓尺寸、轴荷及质量限值》及 GB 7258—2012《机动车运行安全技术条件》还规定：

1）当汽车或汽车列车处于满载状态、外后视镜底边离地高度小于 1 800 mm 时，其单侧外伸量不得超出汽车或汽车列车最大宽度处 200 mm；外后视镜底边离地高度大于或等于 1 800 mm 时，其单侧外伸量不得超出汽车或汽车列车最大宽度处 250 mm。

2）汽车的顶窗、换气装置等处于开启状态时不得超出车高 300 mm。

3）汽车的后轴与挂车的前轴之间的距离不得小于 3.00 m（牵引中置轴挂车除外）。

4）挂车及二轴货车的货箱栏板高度不得超过 600 mm，二轴自卸车、三轴及三轴以上货车的货箱栏板高度不得超过 800 mm，三轴及三轴以上自卸车的货箱栏板高度不得超过 1 500 mm。

（5）轴距

轴距是指通过车辆同一侧相邻两车轮的中点，并垂直于车辆纵向平面的两垂线之间的距离，如图 1-22（a）所示。

对于三轴以上的车辆，其轴距由从最前面的相邻两车轮之间的轴距分别表示，总轴距则为各轴距之和，如图 1-22（b）所示。

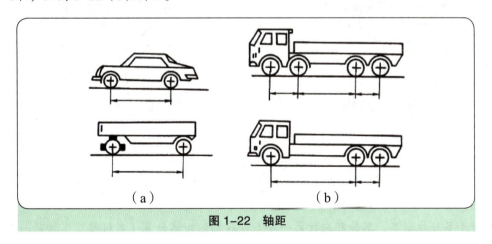

图 1-22　轴距

（6）轮距

汽车轴的两端为单车轮时，轮距为车轮在支撑平面上留下轨迹的中心线之间的距离，如图 1-23（a）所示。

汽车车轴的两端为双车轮时，轮距为车轮中心平面（双轮车中心平面为外车轮轮辋内缘等距的平面）之间的距离，如图 1-23（b）所示。

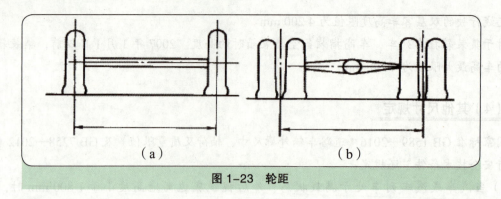

图 1-23 轮距

（7）前悬

前悬是指通过两前轮中心的垂面与抵靠在车辆最前端（包括前拖钩、车牌及任何固定在车辆前部的刚性部件），并且垂直于车辆纵向对称平面的垂面之间的距离，如图 1-24 所示。

（8）后悬

后悬是指通过车辆最后车轮轴线的垂面与抵靠在车辆最后端（包括牵引装置、车牌及任何固定在车辆后部的刚性部件），并且垂直于车辆纵向对称平面的垂面之间的距离，如图 1-25 所示。

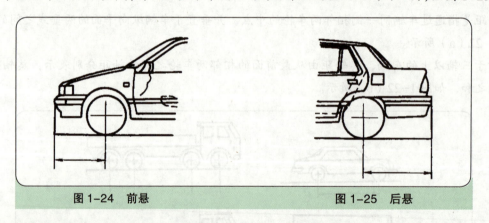

图 1-24 前悬　　　　　　　图 1-25 后悬

GB 7258—2012《机动车运行安全技术条件》对后悬做出如下规定：

1）客车及封闭式车厢（或罐体）的车辆后悬不允许超过轴距的 65%。对于专用作业车和轮式专用机械车，在保证安全的情况下，其后悬可按客车后悬要求核算，其他机动车后悬不允许超过轴距的 55%。机动车后悬均不应大于 3.5m。

2）对于多轴机动车，其轴距应按第一轴至最后轴的距离计算（对铰接客车按第一至第二轴的距离计算），后悬从最后一轴的中心线往后计算。对于客车后悬，以车身外蒙皮尺寸计算，如后保险杠突出于后背外蒙皮，则以后保险杠尺寸计算，不计后尾梯。

（9）最小离地间隙

最小离地间隙是指车辆支撑平面与车辆上的中间区域内最低点之间的距离。中间区域为平行于车辆纵向对称平面，且与其等距离的两平面之间所包含的部分，两平面之间的距离为同一轴上两端车轮内缘最小距离的80%，如图1-26所示。

图1-26　最小离地间隙

（10）接近角

接近角是指车辆静载时，水平面与切于前轮轮胎外缘的平面之间的最大夹角，前轴前面任何固定在车辆上的刚性部件不得在此平面的下方，如图1-27所示。

图1-27　接近角

（11）离去角

离去角是指车辆静载时，水平面与切于车辆最后车轮轮胎外缘的平面之间的最大夹角。位于最后车轴后面的任何固定在车辆上的零部件不得在此平面的下方，如图1-28所示。

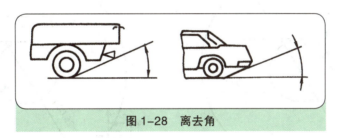

图1-28　离去角

（12）转弯直径

转弯直径是指当转向盘转到极限位置时，内、外转向轮的中心平面在车辆支撑平面上的轨迹圆直径，如图1-29（a）所示。

由于转向轮的左右极限转角一般不相等，因此有左转弯直径与右转弯直径之别。

转向轮的中心平面在车辆支撑平面上的轨迹圆直径有实际意义，称为非转向内轮转弯直径，如图1-29（b）所示。

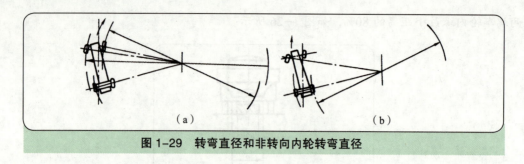

图 1-29 转弯直径和非转向内轮转弯直径

（13）通道圆与外摆值

汽车和汽车列车（不计具有作业功能的专用装置的突出部分）必须能在同一个车辆通道圆内通过，车辆通道圆的外圆直径 D_1 为 25.00 m，车辆通道圆的内圆直径 D_2 为 10.60 m。汽车和汽车列车由直线行驶过渡到上述圆周运动时，任何部分超出直线行驶时的车辆外侧面垂直面的值（车辆外摆值）T 不得大于 0.80 m（测量方法如图 1-30 所示）。

2. 质量参数

（1）轴荷

轴荷是指汽车满载时各车轴对地面的垂直载荷。国家标准 GB 1589—2004《道路车辆外廓尺寸、轴荷及质量限值》及 GB 7258—2004《机动车运行安全技术条件》均有规定。

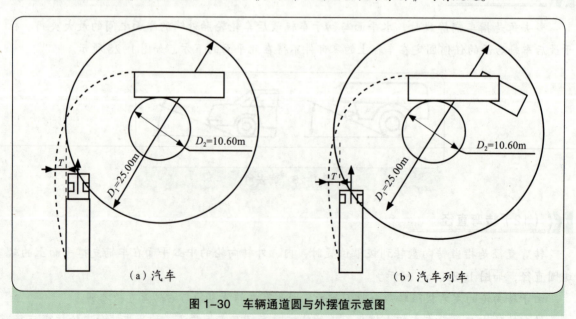

图 1-30 车辆通道圆与外摆值示意图

1）单轴。汽车及挂车单轴的最大允许轴荷不得超过表 1-8 规定的最大限值。

任务三 汽车主要性能参数

表 1-8 汽车及挂车单轴的最大允许轴荷的最大限值

车辆类型			最大允许轴荷最大限值 /kg
挂车及二轴货车	每侧单轮胎		6 000①
	每侧双轮胎		10 000②
客车、半挂牵引车及三轴以上（含三轴）货车	每侧单轮胎		7 000①
	每侧双轮胎	非驱动轴	10 000②
		驱动轴	11 500

注：① 安装名义断面宽度超过 400 mm（公制系列）或 13.00 in（英制系列，1in=0.0 254 m）轮胎的车轴，其最大允许轴荷不得超过规定的各轮胎负荷之和，且最大限值为 10 000 kg。
② 装备空气悬架时最大允许轴荷的最大限值为 11 500 kg

2）并装轴。汽车及挂车并装轴的最大允许轴荷不得超过表 1-9 规定的最大限值。

表 1-9 汽车及挂车并装轴的最大允许轴荷的最大限值

车辆类型			最大允许轴荷最大限值 /kg
汽车	并装双轴	并装双轴的轴距 < 1 000 mm	11 500
		并装双轴的轴距 ≥ 1 000 mm，且 < 1 300 mm	16 000
		并装双轴的轴距账 ≤ 1 300 mm，且 < 1 800 mm	18 000①
挂车	并装双轴	并装双轴的轴距 < 1 000 mm	11 000
		并装双轴的轴距账 ≤ 1 000 mm，且 < 1 300 mm	16 000
		并装双轴的轴距账 ≤ 1 300 mm，且 < 1 800 mm	18 000
		并装双轴的轴距账 ≤ 1 800 mm	20 000
	并装三轴	相邻两轴之间轴距 ≤ 1 300 mm	21 000
		相邻两轴之间距离 > 1 300 mm，且 ≤ 1 400 mm	24 000

注① 驱动轴为每轴每侧双轮胎且装备空气悬架时，最大允许轴荷的最大限值为 19 000 kg

3）其他类型的车轴。对于其他类型的车轴，其最大允许轴荷不得超过该轴轮胎数 ×3 000 kg。

(2) 汽车总质量

汽车总质量是指装备齐全时的汽车自身质量与按规定装满客（包括驾驶员）、货时的载质量之和，也称满载质量。

(3) 载质量

汽车载质量是指在硬质良好路面上行驶时所允许的额定载质量。当汽车在碎石路面上行驶时，载质量应有所减少（为良好路面的 75%～80%）。越野汽车的载质量是指越野行驶或土路上行驶的载质量。

轿车的载质量以座位数表示。城市客车的载质量等于座位数，并包括站立乘客数（一般按平方米面积 8～10 人计）。长途客车和旅游客车的载质量等于座位数。

二、汽车的主要性能指标

汽车的重要性能包括动力性、燃油经济性、制动性、操纵稳定性、行驶平顺性、排放污染及噪声。

1. 汽车的动力性

从获得尽可能高的平均行驶速度的观点出发,汽车的动力性可用以下3个指标来评定:

(1) 汽车的最高车速

汽车的最高车速是指在平直良好的路面上(水泥混凝土路面和沥青混凝土路面)汽车所能达到的最高行驶速度。

(2) 汽车的加速能力

汽车的加速能力是指汽车在行驶中迅速增加行驶速度的能力。汽车的加速能力常用汽车的原地起步加速性和超车加速性来评价。

1)原地起步加速性是指汽车由停车状态起步后以最大的加速度加速,并恰当地选择最有利的换挡时机,逐步换至最高挡后达到某一预定的距离或车速所需的时间,一般常用0~400 m所需的时间来表示,也可用0~100 km/h所需的时间来表示。

2)超车加速性是指汽车用最高挡或次高挡由某一预定车速(该挡最低稳定车速或30 km/h)全力加速至某一高速所需时间。这段时间越短,说明超车加速能力越强,从而可以减少超车过程中的并行时间,有利于保障安全。

(3) 汽车的爬坡能力

汽车的爬坡能力是指汽车满载时在良好路面上以最低前进挡所能爬行的最大坡度。

2. 汽车的燃油经济性

汽车在一定的使用条件下,以最小的燃油消耗量完成单位运输工作的能力称为汽车的燃油经济性。

汽车的燃油经济性常用一定运行工况下汽车行驶100 km的燃油消耗量或一定燃油量能使汽车行驶的里程来衡量。

在我国及欧洲,燃油经济性指标的单位为L/100 km,即行驶100 km里程所消耗的燃油量(L)。可见,其数值越大,汽车的燃油经济性越差。在美国,汽车燃油经济性的单位为mile/USgal,即每加仑燃油能行驶的英里数。可见,其数值越大,表明燃油经济性越好。这项指标是用于比较相同载质量汽车的燃油经济性或分析同一汽车的燃油经济性的。

对于不同载质量的汽车在相同的运行条件下完成单位运输工作量的燃油经济性的评价,则常用完成单位货物周转量的平均燃油消耗量来衡量,其单位为L/(100 t·km)。

3. 汽车的制动性

汽车的制动性能直接关系着汽车的行车安全。只有在保证行车安全的前提下才能充分利用汽车的其他性能，如提高汽车的行驶速度、提高汽车的机动性能等。

汽车的制动性主要由制动效能、制动抗热衰退性能和制动时汽车的方向稳定性3个方面来评价。

（1）制动效能

制动效能是指汽车迅速降低行驶速度直至停车的能力。制动效能是制动性能最基本的评价指标，它由一定初速度下的制动距离、制动减速度和制动时间来评定。

制动距离与行车安全有直接关系，而且最直观，因此交通管理部门通常按制动距离制定安全法规。

（2）制动抗热衰退性

汽车的制动抗热衰退性是指汽车高速制动、短时间多次重复制动或下长坡连续制动时制动效能的热稳定性。

（3）制动时汽车的方向稳定性

制动时汽车的方向稳定性是指汽车在制动时按指定轨迹行驶的能力，即不发生跑偏、侧滑或失去转向的能力。通常规定一定宽度的试验通道，制动稳定性良好的汽车，在试验时不允许产生不可控制的效能使它偏离这条通道。

4. 汽车的操纵稳定性

汽车的操纵稳定性包含互相联系的两部分内容，一是操纵性，二是稳定性。操纵性是指汽车能够及时而准确地执行驾驶员的转向指令的能力；稳定性是指汽车受到外界扰动（路面扰动或突然阵风扰动）后，能自行尽快地恢复正常行驶状态和方向，而不发生失控，以及抵抗倾覆、侧滑的能力。

5. 汽车的行驶平顺性

汽车行驶时对路面不平度的隔振特性称为汽车的行驶平顺性。汽车行驶时，路面的不平度会激起汽车的振动；当这种振动达到一定程度时，将使乘客感到不舒适和疲劳，或使运载的货物损坏。振动引起的附加动载荷将加速有关零部件的磨损，缩短汽车的使用寿命。车轮载荷的波动会影响车轮与地面之间的附着性能，因而关系到汽车的操纵稳定性。

汽车的振动随行驶速度的提高而加剧。在汽车的行驶过程中，常因车身的强烈振动而限制行驶速度的发挥。

6. 汽车的排放污染物

汽车排放污染主要有3个排放源：一是由发动机排气管排出的发动机燃烧废气，汽油车的主要污染物成分是一氧化碳（CO）、碳氢化合物（HC）、氮氧化合物（NO_x），而柴油车除了这3种有害物外，还排放大量的颗粒物；二是曲轴箱排放物，由发动机在压缩及燃烧过程中未燃的碳氢化合物从燃烧室漏向曲轴箱再排向大气而产生，主要是碳氢化合物；三是燃料蒸发排放物，主要由发动机供油系统的化油器和燃油箱的燃料蒸发而产生。在未加控制时曲轴箱和燃料蒸发排放的碳氢化合物各约占HC总排放量的1/4。

汽车污染物各排放源相对排放量见表1-10。

表1-10 汽车污染物各排放源相对排放量（%）

污染物 排放源 排放量10%	CO	HC	NO_x
曲轴箱	1～2	15～25	1～2
燃油系统	0	15～25	0
排气管	98～99	55～70	98～99

我国近年来针对轻型汽车、重型汽车发动机、摩托车及农用车相继发布了一系列新车排放标准，控制因素包括排气污染物、燃油蒸发、曲轴箱通风、排气可见污染物、烟度和噪声等。这些标准对于防止机动车对空气的污染起到了非常重要的作用。

7. 汽车的噪声

随着汽车工业和城市交通的发展，城市汽车拥有量日益增加。各种调查和测量结果表明，城市交通噪声是目前城市环境中最主要的噪声源。因此，在汽车设计和使用中，不仅追求其动力性、经济性等性能，而且也把噪声作为一个重要指标。按照噪声产生的过程，汽车噪声源大致可分为与发动机转速有关的声源和与车速有关的声源，如图1-31所示。

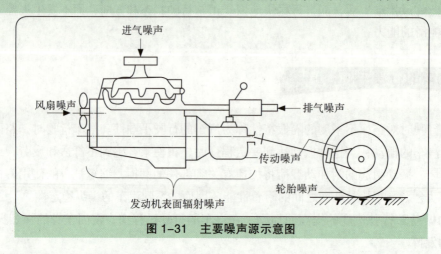

图1-31 主要噪声源示意图

与发动机转速有关的噪声源主要有进气噪声、排气噪声、冷却系统风扇噪声和发动机表面辐射噪声。用发动机带动旋转的各种发动机附件（如空气压缩机、发电机等）的噪声，也属此类。

与车速有关的噪声源包括传动噪声（变速器、传动轴）、轮胎噪声、车体产生的空气动力噪声。

为了有效地控制城市交通噪声，我国制定了各种机动车辆的噪声标准，规定了机动车辆的车外、车内噪声的测量方法及限值标准，如GB 1495—2002《汽车加速行驶车外噪声限值及测量方法》。

任务四　汽车的使用寿命

机动车在使用过程中由于磨损、老化等原因其性能随着使用年限（或行驶里程）的增加而逐渐下降，到了一定期限就应报废，这是一种自然规律。

机动车使用寿命是指从技术和经济上分析，从机动车开始使用到不能使用之间的整个时期。它可以用累计使用年数或累计行驶里程数表示。

如果把机动车的使用寿命无限地延长，不断地进行维修，用很高的代价来维持车辆运行，这就必然会导致车况下降，需消耗大量的配件和材料，花费较多的劳动工时，致使维修费用急剧增加。由于车辆老旧，其动力性、经济性都大幅度下降，造成燃、润料消费的增加。此外，小修频率上升，机件的可靠性与车辆完好率下降，同时还会使车辆的平均技术速度下降，排气污染与噪声均较严重。所以了解汽车报废标准，研究机动车使用寿命对车辆的鉴定估价工作具有重要意义。

一、汽车使用寿命的分类

机动车使用寿命主要可分为技术使用寿命、经济使用寿命和合理使用寿命等。

1. 机动车技术使用寿命

机动车技术使用寿命是指车辆从开始使用，直至其主要机件到达技术极限状态而不能再继续修理时为止的总工作时间或总行驶里程。这种极限的标志，在结构上是零部件的工作尺寸、工作间隙，在性能上常表现为车辆总体的动力状态或燃、润料的极度超耗。

机动车的技术寿命主要取决于各部分总成的设计水平、制造质量和合理使用与维修。机动车到达技术寿命时，应对车辆进行报废处理，其零部件也不能再做备件使用。机动车维修工作做得越好，机动车的技术寿命越会延长，但一般随着机动车使用时间的延长，机动车维修费也日益增加。

2. 机动车经济使用寿命

机动车经济使用寿命，是指机动车使用到相当里程和使用年限，对其进行全面经济分析之后得出机动车已到达不经济合理、使用成本较高的寿命时刻。

所谓全面经济分析，就是从机动车使用总成本出发，分析车辆制造成本、使用与维修费用、使用者管理开支、车辆当前的折旧以及市场价格可能变化等一系列因素，经过分析做出综合的经济评定，并确定其是否经济合理，能否继续使用。

3. 机动车合理使用寿命

机动车合理使用寿命是以机动车经济使用寿命为基础，考虑整个国民经济的发展和能源节约等因素，制定出符合我国实际情况的使用期限。也就是说机动车已经到达了经济寿命，但是否要更新，还要视国情而定，如更新机动车的来源，更新资金等因素。为此，国家根据上述情况制定出机动车更新的技术政策，考虑国民经济的可能并加以修正，规定车辆更新期限。

它们之间的关系为技术使用寿命＞合理使用寿命≥经济使用寿命。

二、汽车经济使用寿命

1. 汽车经济使用寿命的意义

汽车经济使用寿命是汽车经济使用的理想时期，研究汽车的使用寿命，主要是研究汽车的经济使用寿命。

发达国家对汽车经济使用寿命进行了大量的研究工作，有资料表明，在一辆汽车的整个使用时期内，汽车的制造费用约占全部使用期内总费用的15%，而汽车的管理、使用、维修费用则占85%左右。所以现代汽车的经济使用寿命的长短，很重要的一点就是在汽车设计制造时，必须充分预测到车辆今后可能达到的使用维修费用。如果汽车在长期运用中，能保持其使用维修费用低，则其经济使用寿命将较长，反之，则较短。

发达国家的汽车使用寿命完全按经济规律确定，除考虑车辆本身的运行费用增长外，还考虑新车型性能的改进和价格下降等因素。表1-11列出了几个国家的载重汽车平均经济使用寿命。

表1-11　载重汽车平均经济使用寿命

国别	美国	日本	德国	法国	英国	意大利	中国
平均经济使用寿命/年	10.3	7.5	11.3	12.1	10.6	11.2	10

2. 汽车经济使用寿命的指标

（1）年限

年限指将汽车从开始投入运行到报废的年数作为使用寿命的指标。这种方法除考虑运行时的损耗外，还考虑车辆停放期间的自然损耗。这种方法计算比较简单，但是不能充分真实地反映汽车的使用强度和使用条件，造成同年限的车辆差异较大。

（2）行驶里程

行驶里程指将汽车从开始投入运行到报废期间总的行驶里程数作为使用期限的指标。这种方法反映了汽车的真实使用强度,但不能反映运行条件和停驶期间的自然损耗。

专业运输车辆,由于其运行条件差异较大,虽然使用年限大致相同,但累计行驶里程相差悬殊。汽车运输业中,大多数以行驶里程作为考核车辆各项指标的基数,但对于在用汽车评估,行驶里程一般作为参考依据。

(3) 使用年限

使用年限是将汽车总的行驶里程与年平均行驶里程之比所得的年限作为使用年限的量标,即

$$T = L / L_n \text{(年)}$$

式中: T——折算年限,年;

L——总的累计行驶里程,km;

L_n——年平均行驶里程,km/年。

年平均行驶里程是用统计方法确定的,与车辆的技术状态、完好率、平均技术速度和道路条件等因素有关。对于营运汽车,其在使用过程中,由于车辆的技术状况、平均技术速度和道路条件等因素的不同,年平均行驶里程的差异较大,但车辆的年平均使用强度基本相同。因此,按折算年限基本上可以在全国范围内取得统一指标。这对于社会专业运输和社会零散使用车辆也是适用的。但由于使用强度相差太大,年平均行驶里程也不相同,其使用年限也不相同。社会零散车辆的管理水平、使用水平、维修水平一般都比较低,所以这些车辆又不能按专业运输车辆的指标要求,应相对于专业运输企业车辆的使用寿命做适当的修正。使用年限既反映了车辆的使用情况、使用强度,又包括了运行条件和某些停驶时间较长车辆的自然损耗。

(4) 大修次数

汽车在使用过程中,当动力性和经济性下降到一定程度,已无法用正常的维护和小修方法使其恢复正常技术状况时,就要进行大修。

运输技术部门除用里程作为指标外,也用大修次数作为指标。汽车报废之前,截止到第几次大修最为经济,需权衡买新车的费用加旧车未折完的损失和大修费用加经营费用的损失,来预测截止到某次大修最经济合算。

三、影响汽车经济使用寿命的因素

影响机动车经济使用寿命的因素有车辆的损耗、车辆的来源与使用强度、车辆的使用条件等。

1. 车辆的损耗

首先从车辆的有形损耗和无形损耗两个方面进行分析。

无形损耗是指由于技术进步、生产的发展,出现了性能好、生产效率高的新车型,或原车型价格下降等情况,促使在用车辆提前更新。实际上是旧车型相对新车型的贬值。

有形损耗是指车辆在使用过程中本身的消耗。有形损耗主要与车辆使用成本有关。车辆的使用成本一般包括：

$C = C_1 + C_2 + C_3 + C_4 + C_5 + C_6 + C_7 + C_8 + C_9$

式中： C_1——燃料费用；

C_2——维护和小修费用；

C_3——大修费用；

C_4——基本折旧费用；

C_5——轮胎费用；

C_6——驾驶员工资费用；

C_7——管理费用；

C_8——养路费；

C_9——其他费用。

其中 $C_5 \sim C_9$ 是与车辆经济使用寿命无关的因素。当使用寿命确定后，C_4 基本是一个定值，只有 C_1、C_2、C_3 是随行驶里程（或使用年限）的增长、车况的下降而增加。因此对 C_1、C_2、C_3 与车辆经济寿命有关的因素进一步分析，从而可按最佳经济效益确定其经济使用寿命。

（1）车辆的燃料费用

车辆随行驶里程的增加，技术状况逐渐变坏，其主要性能不断地下降，燃料和润滑材料消耗不断增加。

（2）车辆的维修费用

维修费用是指车辆在使用过程中，各级维护费用及日常小修费用的总和。它主要是由维修过程中实际消耗工时费和材料费用来确定。随着车辆行驶里程的增加，各级维护作业中的附加小修项目和日常小修作业项目的费用也随之增加，其变化关系基本上是线性关系，如图1-32所示。

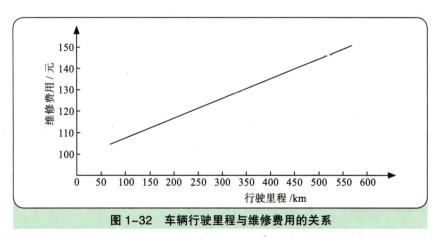

图1-32　车辆行驶里程与维修费用的关系

车辆行驶里程与维修费用的关系可用下式表示：

$$C = a + bL$$

式中：C——维修费用；

a——维修费用的初始值；

b——维修费用增长强度（由试验统计资料确定）；

L——累计行驶里程。

公式中的 b 值是维修费用随行驶里程增加的增长强度，不同车型和不同的使用条件 b 值也不相同。常把维修费用增长强度 b 作为确定汽车经济使用寿命的主要依据之一，b 值越大，车辆维修费用随行驶里程增加的速度越快。

（3）车辆的大修费用

车辆在使用过程中，当其动力性和经济性下降到一定程度，无法用正常的维护和小修方法使其恢复正常使用状态时，就必须进行大修。

根据国内初步统计表明，新车第一次大修的费用一般为车辆原值的10%左右。以后的大修随里程（或年限）的增长，大修费用也逐渐增加，另外大修间隔里程在逐渐缩短。在计算大修费用时，要把某次的大修费用均摊在此次大修至下次大修的间隔里程段内，即相当于对大修后间隔里程段的投资。

2. 车辆的来源与使用强度

不同的使用者，对车辆的使用强度差异比较大，由于使用条件不同，管理和维修水平相差较大。按使用部门不同，车辆来源归纳为如下几类：

（1）交通专业运输车辆

这是指专门从事运输生产的营运车辆。这些车辆是为整个社会服务的，使用条件复杂，使用强度比较大。一般客车年平均行驶里程为5万km左右，货车为4.5万km左右。货车拖挂率、实载率均比较高，管理、使用和维修水平也比较高，车辆基础资料齐全。

（2）社会专业运输车辆

这是指各行各业专门从事运输的车辆，主要是为本行业的运输生产服务的，如商业、粮食、冶金、林业等部门的运输车辆。

（3）社会零散运输车辆

这是指机关、企事业单位和个人的非营运车辆，主要是为一般零散运输和生活服务的公务、商务用车。这些车辆一般没有专门的管理机构和维修基地，使用情况差异很大。

（4）城市出租车辆

这是城市和乡镇为客运和货运服务的车辆，多集中在大中城市，多以国产轿车、轻型客车从事客运出租经营，以微型、轻型货车从事货运出租经营。客运出租车辆使用强度很大，对于轿车一般年平均行驶里程在 10 万 km 左右；货运出租车辆，其使用强度受货运市场影响较大。目前，由于货运量不足，导致车辆闲置，其使用强度不是很大。但是，由于车主受利益驱动，车辆经常超载运行，致使车辆机件磨损迅速上升，大大影响车辆使用寿命。另外，这些车辆管理、使用、维修水平情况差异很大。

（5）城市公共交通车辆

城市公共交通车辆是指城市公共汽车，一般这些车辆常年服役，不参与二手车市场交易。

上述车辆中，到二手车交易市场交易较多的是社会零散车辆和城市出租车辆。前者使用强度不大，一般车况较好；后者车况较差。

3. 汽车的使用条件

汽车的经济使用寿命除受使用对象影响外，还受复杂的使用条件影响。我国地域辽阔，各地自然条件差别很大，具体考虑使用条件如下：

（1）道路条件

1）道路条件分类。

道路对汽车使用寿命影响很大，直接影响车辆技术状况，使其年平均行驶里程相差比较大。道路对车辆使用寿命的影响主要是道路等级和路面情况两种因素。道路条件可分为二类五个等级：

第一类：汽车专用公路、高速公路、一级公路和二级汽车专用公路。

第二类：一般二级公路、三级公路和四级公路。

高速公路具有特别的政治、经济意义，是专供汽车分道高速行驶，并全部控制出入的公路；一级公路为连接重要政治、经济中心，通往重点工矿区、港口、机场，专供汽车分道行驶并部分控制出入、部分立体交叉的公路；二级汽车专用公路为连接政治、经济中心或大工矿区、港口、机场等地的专供汽车行驶的公路；一般二级公路为连接政治、经济中心或大工矿区、港口、机场等地的城郊公路；三级公路为沟通县或县以上城市的干线公路；四级公路为沟通县、乡（镇）、村等的支线公路。

2）地区道路特点。

由于我国历史的原因，道路数量、质量与车辆、人口增长的速度不相适应，从而构成了我国道路混合交通的特殊性，即快慢车同道而行，机动车、非机动车和行人同道混行；平原地区地势平坦、道路宽阔、路面质量好；北方地区，年降雨量比较小，对道路，尤其是土路影响不大，只是冬天出现冰雪路，影响车辆运行；南方地区，年降雨量大，尤其雨季，道路泥泞、湿滑，乡村土路则地面松软、凹陷、泥泞无法行车；城市或城郊，道路四通八达，但人口稠密，车辆多、行人多、交通拥挤、道路堵塞。

（2）特殊使用条件

特殊使用条件主要指一些特殊自然条件和地理环境，如寒冷、沿海、风沙、高原、山区等地区。在这些特殊使用条件下工作的汽车，都将缩短汽车的经济使用寿命。

课题二
二手车鉴定评估实务

【知识目标】

1. 接受委托,进行业务洽谈,签订二手车鉴定评估委托书;
2. 检查被鉴定评估车辆的法定证件;
3. 检查被鉴定评估车辆车辆购置税完税证明、车船使用税缴付凭证、车辆保险单;
4. 车辆拍照。

【技能目标】

1. 掌握如何签订二手车鉴定评估委托协议书;
2. 掌握核查汽车相关证件及手续的真伪。

任务一　二手车鉴定评估概述

二手车鉴定评估是指由专门的鉴定评估人员，按照特定的目的，遵循法定或公允的标准和程序，运用科学的方法，对二手车进行手续检查、技术鉴定和估算价格的过程。

二手车鉴定评估从实质上来说，是市场经济的产物，是适应生产资料市场流转的需要，由鉴定评估人员所掌握的市场资料，并在对市场进行预测的基础上，对二手车的现时价格做出估算。做好二手车鉴定评估工作，不仅有利于保障司法诉讼和行政执法等活动的顺利进行，维护公民的合法权益，而且对维护正常的社会经济秩序，促进经济发展具有重要意义。因此，深入认真地研究、探讨二手车鉴定评估问题，建立一套完整、科学、适用的二手车鉴定评估方法，以保证鉴定评估客观、公正、合理，就显得十分重要。

一、二手车鉴定评估的特点

汽车作为资产的一类，有别于其他类型的资产，有其自身的特点。其主要特点如下：
1）单位价值较大，使用时间较长。
2）工程技术性强，使用范围广。
3）使用强度、使用条件、维护水平差异很大。
4）使用管理严，税费附加值高。

汽车自身的特点决定了二手车鉴定评估的特点，如下所述。

1. 二手车鉴定评估以技术鉴定为基础

由于汽车本身具有较强的工程技术特点，因此其技术含量较高。汽车在长期的使用中，由于机件的摩擦和自然力的作用，处于不断磨损的过程中。随着使用里程和使用年数的增加，汽车实体的有形损耗和无形损耗加剧，其损耗程度的大小，因使用强度、使用条件、维修水平等影响，差异很大。因此，评定车辆实物和价值状况，往往需要通过技术检测等技术手段来鉴定其损耗程度。

2. 二手车鉴定评估都以单台为评估对象

由于二手车单位价值相差比较大、规格型号多、汽车结构差异很大。因此，为了保证评估质量，对于单位价值大的汽车，一般都是分整车、分部件，逐台、逐件地进行鉴定评估。

为了简化鉴定评估的工作程序，节省时间，对于以产权转让为目的，单位价值小的车辆，也不排除采取"提篮作价"的评估方式。

3. 二手车鉴定评估需要考虑其手续构成的价值

由于国家对汽车实行"户籍"管理，使用税费附加值高。因此，对二手车进行鉴定评估时，除了估算其实体价值以外，还要考虑由"户籍"管理手续和各种使用税费构成的价值。

二、二手车鉴定评估的主体

二手车鉴定评估的主体指二手车鉴定评估业务的承担者，即从事二手车鉴定评估的机构及专业评估人员。由于二手车评估直接涉及当事人双方的权益，是一项政策性和专业性都很强的工作，因此无论是对专业评估机构，还是对专业评估人员都有较高的要求。

1. 对二手车鉴定评估机构的要求

1）按照我国1991年11月颁布的《国有资产评估管理办法》第九条的规定，资产评估公司、会计师事务所、审计事务所、财务咨询公司，必须获有省级以上国有资产评估资格证书，才能从事国有资产评估业务。

2）依照原国家计划委员会颁布的《价格评估机构管理办法》设立的价格评估机构有资格对流通中的二手车与事故车辆进行鉴定和评估。

3）依据我国保险监督委员会公布的《保险公估机构管理规定》设立的保险公估机构，也可从事汽车承保前的估价与出险后的估损等相关业务。

2. 对二手车鉴定评估人员的要求

1）二手车专业评估人员必须掌握一定的资产评估业务理论，熟悉并掌握国家颁布的与二手车交易有关的政策、法规、行业管理制度及有关的技术标准。

2）具有一定的二手车专业知识和实际的检测技能，能够借助必要的检测工具，对二手车的技术状况进行准确的判断和鉴定。

3）具有较高的收集、分析和运用信息资料的能力及一定的评估技巧。

4）具备经济预测、财务会计、市场、金融、物价、法律等多方面的知识。

5）具有良好的职业道德，遵纪守法、公正廉明，保证二手车鉴定评估质量。

此外，二手车评估的从业人员还需要经过严格的职业资格考试或考核，从事二手车评估定价的从业人员必须取得中华人民共和国商务部（以下简称商务部）颁发的《二手车鉴定评估师职业资格证书》，从事二手车保险评估的从业人员必须取得中华人民共和国保险监督管理委员会颁发的《保险公估从业人员资格证书》。

三、二手车鉴定评估的客体

二手车鉴定评估的客体指被评估的车辆，它是鉴定评估的具体对象。对于鉴定评估人员，要掌握汽车的分类，有利于在评估过程中进行信息资料的搜集和应用。如同一种车型，由于其用途不同，在用状态所需要的税费可能就会有较大的差别，其重置成本构成的差异往往也较大。另外，二手车鉴定评估人员也要注意不允许交易的车辆也就没有评估的价值。

根据商务部于 2005 年 8 月发布的《二手车流通管理办法》的规定，以下车辆不允许进行交易：

1）已报废或者达到国家强制报废标准的车辆。
2）在抵押期间或者未经海关批准交易的海关监管车辆。
3）在人民法院、人民检察院、行政执法部门依法查封、扣押期间的车辆。
4）通过盗窃、抢劫、诈骗等违法犯罪手段获得的车辆。
5）发动机号、车辆识别代号或者车架号码与登记号码不相符，或者有凿改迹象的车辆。
6）走私、非法拼（组）装的车辆。
7）不具有本办法第二十二条所列证明、凭证的车辆。
8）在本行政辖区以外的公安机关交通管理部门注册登记的车辆。
9）国家法律、行政法规禁止经营的车辆。

此外，车辆上市交易前，必须先到公安交通管理机关申请临时检验，经检验合格，在其行驶证上签注检验合格记录后，方可进行交易。检验被交易车辆的车架号码和发动机号码的符号、数字及各种外文字母的全部拓印，发现不一致或改动、凿痕、锉痕、重新打刻等人为改变或损坏的，对车辆一律扣留审查。

四、二手车鉴定评估的目的

二手车鉴定评估的目的指的是被评估汽车即将发生的经济行为。同样的车辆，因为评估目的的不同，其评估结果也往往不相同。因此，明确委托鉴定评估的目的，对于科学地组织二手车鉴定评估工作，提高车辆的评估质量，具有重要的意义。一般而言，二手车鉴定评估服务于以下目的：

1. 二手车的交易

二手车的交易，即二手车的买卖是二手车业务中最常见的一种经济行为。在二手车的交易过程中，买卖双方对交易价格的期望值是不同的，甚至相差很远。而二手车鉴定评估人员对交易的二手车进行的鉴定评估作为第三方估价，可以作为双方议价的基础，从而起到协助确定二手车交易成交额的作用，进而协助二手车交易的达成。因此鉴定评估人员必须站在公正、独立的立场对交易二手车进行评估，提供一个评估值，作为买卖双方成交的参考价格。

2. 车辆的转籍、过户

车辆的转籍、过户可能因为交易行为，也可能因其他经济行为而发生。例如，单位或个人以其所拥有的汽车来偿还其债务时，若债权债务双方对车辆的价值有异议时，也需要委托二手车鉴定评估机构对有关车辆的价值进行评定估算，否则车辆将无法转籍和过户。

3. 车辆置换

随着2005年《汽车贸易政策》的颁布，越来越多的品牌专卖店（4S店）展开汽车置换业务，为使汽车置换顺利进行，必须对待置换的汽车进行鉴定评估并提供评估值。

汽车置换业务有两种情况，一种是以旧换新业务，另一种是以旧换旧业务。这两种情况都会涉及对置换汽车的鉴定评估，对汽车评估结果的公平与否，直接关系到置换双方的利益。汽车的置换业务，尤其是以旧换新业务在我国的汽车市场是一个崭新的业务，有着广阔的市场前景。

4. 车辆拍卖

法院罚没车辆、企业清算的车辆、海关获得的抵税和放弃的车辆、个人或单位抵债的汽车、公车改革的公务用车一般须经过拍卖市场公开拍卖变现，拍卖前必须对车辆进行评估，为拍卖师提供拍卖的底价。

5. 车辆保险

出险车主因车辆损坏从保险公司所获得的赔付额最大不得超出出险前的车辆价值，故有时必须对出险前的车辆进行评估。在对车辆进行投保时，所缴纳的保费高低直接与车辆本身的价值大小有关。同样当保险车辆发生保险事故，保险公司需要对事故车辆进行理赔。为了保障保险双方的利益，也需要对核保理赔的车辆进行公平的鉴定评估。

6. 法律诉讼咨询服务

当事人遇到涉及车辆的讼诉时，委托鉴定估价师对车辆进行评估，有助于把握事实真相；同时，法院判决时，可以依据评估结果进行宣判，这种评估也可由法院委托评估机构进行。此外评估机构也接受法院等司法部门或个人的委托鉴定和识别走私车、盗抢车、非法拼装车等非法车辆。

7. 抵押贷款

银行为了确保放贷安全，要求贷款人以一定的资产作为抵押，如果以在用汽车为抵押物，应给予贷款人与汽车价格相适应的贷款。这个抵押物到底值多少钱，也只有经过评估才能确定。因此，需要专业评估人员对汽车的价格进行评估。汽车评估值的高低，可决定贷款人申请贷款的额度；对放贷者而言，评估的准确性一定程度上影响着贷款回收的安全性。

8. 担保

担保是指汽车所有人，以其拥有的汽车为其他单位或个人的经济行为提供担保，并承担担保责任的行为。

9. 典当

当典当双方对当物汽车的价值有较大的悬殊时，为了保障典当业务的正常进行，可以委托二手车鉴定评估机构对当物汽车的价值进行评估，典当行可以以此作为放款的依据。当典当物汽车发生绝当时，对绝当汽车的处理，同样也需要委托二手车鉴定评估机构为其提供鉴定评估服务。

10. 价格评估

汽车修理厂应根据评估提供的查勘定损清单资料，确定更换部件的名称、数量、金额和修理部件的范围、工时定额费用及附加费，从而控制事故汽车总的修理费用，防止修理范围任意扩大。

11. 其他

其他经济行为如在企业发生联营、兼并、出售、股份经营或破产清算时，也需要对企业所拥有的汽车进行鉴定评估，以充分保证企业的资产权益。

五、二手车鉴定评估的程序

二手车鉴定评估操作程序是指对具体的评估汽车，从接受立项、受理委托到完成评估任务，出具评估报告的全过程的具体步骤和工作环节。其主要包括以下方面：

1. 鉴定委托协议

根据鉴定评估的要求，二手车鉴定评估工作需要与委托方签定评估委托协议书，并向委托方收集有关资料、了解情况。鉴定评估协议应写明的内容有：

1）委托方和二手车交易市场的名称、住所、工商登记注册号、上级单位、二手车鉴定评估师资格类型及证件编号。
2）鉴定评估目的、汽车类型和数量。
3）委托方须做好的基础工作和配合工作，提供汽车的相关资料和信息。
4）鉴定评估工作的起止时间。
5）鉴定评估收费金额及付款方式。
6）反映协议双方各自的责任、权利、义务以及违约责任的其他内容。

涉及国有资产占有单位要求申请立项的二手车鉴定评估业务，应由委托方提供国有资产管理部门关于评估立项申请的批复文件，方能接受委托，签署委托协议书。一旦评估机构接受委托，双方签订委托书，明确双方在评估活动中各自的权利、责任和义务，也就完成了评估的委托程序。

2. 检查验证

检查验证的主要工作是检查手续，核查实物，验证委托人提供的资料。检查的手续包括机动车来历凭证、机动车行驶证、机动车登记证、机动车号牌、道路运输证、机动车安全检验合格标志、汽车购置税、车船税、机动车保险费、买卖双方证明或居民身份证。

3. 现场勘察

现场勘察是在核查委托人提供的被委托车辆的资料后，进行车辆的技术鉴定工作，填写二手车鉴定评估登记表。其主要内容包括结构特点、工作性质、工作条件、现实状态、事故情况、现实技术状况等。

4. 评定估算

评定估算是评估机构的评估人员在查勘检验的基础上，根据评估的特定对象和目的，选择适当的评估方法，本着客观、公正的原则对汽车进行估算，确定评估结果。

5. 撰写评估报告

对鉴定评估的依据的参数再进行一次全面的核对，在重新核对无误的基础上，撰写评估报告书。评估报告中必须包括的内容有估价的依据、鉴定估价的目的、评估范围和评估基础准确时间、评估前提和鉴定估价结论等。

六、二手车鉴定评估的标准

评估的标准是指评估计价时选用的价值类型。选用何种评估标准评估汽车，是由评估的目的决定的。评估的标准包括：

1. 现行市价标准

现行市价标准是指以类似被评估物在公开市场的交易价格为基础，根据被评估物的个性进行修正，从而评定被评估物现行价值的一种计价标准。

当市场经济环境比较发达，存在与被评估物相类似的物品（通常是单项物品）时，适用现行市价标准。

2. 重置成本标准

重置成本标准是指在现时条件下，通过按功能重置被评估物来确定被评估物现时价值的一种计价标准。以保险、资产保全为目的的评估，常适用重置成本标准。

3. 收益现值标准

收益现值标准是指根据被评估物未来将产生的预期收益，按适当的折现率将未来收益折算成现值，以评定被评估物现时价值的一种计价标准。以经营性资产的产权转移、变更常选用收益现值标准。

4. 清算价格标准

清算价格标准是指以被评估物拍卖（在非正常市场上）得到的快速变现价值为依据来确定被评估物现时价值的一种计价标准。清算价格一般低于公开交易市场的现行市价。

以企业破产或停业清算、资产抵押为目的的评估，常选用清算价格标准。

七、二手车鉴定评估的方法

二手车鉴定评估方法和资产评估方法一样，按照国家规定的现行市价法、收益现值法、清算价格法和重置成本法4种方法进行。

1. 现行市价法

现行市价法又称市场法、市场价格比较法，是通过比较被评估车辆与最近售出类似车辆的异同，并将类似车辆的市场价格进行调整，从而确定被评估车辆价值的一种评估方法。

2. 收益现值法

收益现值法是将被评估车辆在剩余寿命期内用适用的折现率折现为评估基准日的现值，并以此确定评估价格的一种方法。

3. 清算价格法

清算价格法是以清算价格为标准，对二手车辆进行价格评估。清算价格是指企业由于破产或其他原因，在一定的期限内将车辆变现。在企业清算之日预期出卖车辆可回收的快速变现价格。

4. 重置成本法

重置成本法是指在现时条件下重新购置一辆全新状态的被评估车辆所需的全部成本（简称重置全价），减去该被评估车辆的各种陈旧贬值后的差额作为被评估车辆现时价格的一种评估方法。

八、二手车鉴定评估的基本假设

二手车鉴定评估的基本假设有3个，即继续使用假设、公开市场假设和清算假设。设定假设形式的目的在于反映被评估物在评估时的状态及其条件。相同的评估对象在不同的假设条件下，需采用不同的评估标准、评估方法，其评估结果往往差别很大。

1. 继续使用假设

在评估中，继续使用假设是将按现行用途继续使用，或将转换用途继续使用。这一假设的核心是强调汽车对未来的有效性。对于可继续使用的汽车的评估与不能继续使用的汽车的评估，所采用的价格计量标准是不同的。例如，对一辆可继续使用的处于在用状态的汽车进行评估时，一般采用重置成本法评估其处于在用状态的价值，其评估值包括车辆的购买价及运输费用等。但如果汽车无法继续使用，只能将其拆零出售，以现行市价法评估其零件的变现值，并且还需扣除拆零费用。两者的评估值显然不同。再如，一辆正在营运的汽车，以收益现值法评估其价值，假设评估值为10万元。但如果该汽车所属的企业因破产被强制清算拍卖，就只能以清算价格法评估其价值，其价格肯定会大大低于10万元。

在采用继续使用假设时，需考虑以下几个条件：

1）汽车尚有显著的剩余使用寿命。这是继续使用假设的最基本的前提要求。

2）汽车能用其提供的服务或用途满足所有者或者有使用者经营上期望的收益，这是投资者持有或购买汽车的前提条件。

3）汽车的所有权的明确，能够在评估后满足汽车交易或抵押等业务需要。这同时也是转换用途的前提条件。

4）充分考虑汽车的使用功能，即无论汽车的现行用途，还是转换用途继续使用，都是在法律许可的范围内，按汽车的最佳效用使用。

5）汽车从经济上或法律上允许转作他用。

2. 公开市场假设

公开市场假设是假定被评估车辆可以在公开的市场上交易，价格取决于市场供求。在公开市场上，交易双方都希望获得被评估车辆最大和最佳效用。只有坚持公开市场假设，才有可能使被评估车辆达到最大和最佳效用。

采用这个假设前提，被评估车辆需要符合以下条件：

1）资产公开出售和改变用途在法律上是允许的。

2）在公开市场上该种车辆的交易比较普遍，即有一定的需求，也有一定的供给，存在着供需双方的竞争。

3）资产有一定寿命。

4）评估值不高于该项资产新建或购置的投资额。

被评估汽车的公开市场假设可以在完全竞争的交易市场上，按市场原则进行交易，其价格的高低取决于该汽车在公开市场上的行情。

不同类型的汽车，其性能、用途不同，市场活跃程度也不一样。一般情况下，用途广泛的汽车比用途狭窄的汽车市场活跃，因此也越容易通过市场交易实现其最佳效用，可取得最佳经济效果。在汽车评估时，对于具备在公开市场上进行交易的条件的汽车，做公开市场假设，并根据汽车所在的地区、环境条件及市场的供求关系等因素确定其最佳用途。按汽车的最佳用途进行评估，有助于实现汽车的最佳效用。

若被评估车辆适用于公开市场假设，则可采用现行市价法进行评估。

3. 清算假设

清算假设是假定被评估物的整体或部分在某种强制状态下进行出售，交易双方地位不平等，并要求在短时间内变现，因此，被评估物的评估价值一般低于继续使用假设和公开市场假设条件下的评估值。清算假设一般只适用于企业破产或停业清算等及时变现时的评估。

在二手车评估中，由于二手车所处状态与评估目的不同而形成了3种假设。在不同假设条件下，评估结果各不相同：在继续使用假设前提下，要求评估二手车的继续使用价值；在公开市场假设前提下，要求评估二手车的公平市场价值；在破产清算假设前提下，要求评估二手车的清算价格。因此，二手车评估人员在评估业务活动中要充分分析和了解，判断认定被评估二手车最可能的效用，以便得出有效结论。

九、二手车鉴定评估的基本原则

二手车评估工作政策性强，涉及面广，必须遵循一定的原则，才能确保评估结果公平合理。评估的基本原则主要包括：

1. 公平性原则

评估人员必须不偏不倚处于中立的立场上对车辆进行评估。这是鉴定估价人员应遵守的一项最基本的道德规范。目前在不规范的二手车市场中，时有鉴定估价人员和二手车经销经纪人员互相勾结损害消费者利益或私卖公高估而公卖私则低估的现象，这是严重违反职业道德的行为。

2. 独立性原则

独立性原则要求二手车评估师依据国家的有关法律和规章制度及可靠的资料数据对被评估的车辆独立地做出评定。坚持独立性原则，是保证评定结果具有客观性的基础。要坚持独立性原则，首先评估机构必须具有独立性，评估机构不应从属于和交易结果有利益关系的二手车市场，目前已不允许二手车市场建立自己的评估机构。

3. 客观性原则

客观性原则是指评估结果应有充分的事实为依据。评估工作应尊重客观实际，反映被评估车辆的真实情况，所收集的与被评估车辆相关的统计数据准确；它要求车辆技术状况的鉴定结果必须真实可靠，只有这样才能达到对被评估车辆现值的客观评估。

4. 科学性原则

科学性原则是指在二手车的评估过程中，必须依据评估的目的，选用合理的评估标准和评估方法，使评估结果准确合理。例如，拍卖、抵押等适用清算价格标准计算，而一般的车辆交易则选用重置成本标准或现行市价标准。

5. 专业性原则

专业性原则要求鉴定评估人员接受国家专门的职业培训，获得国家颁发的统一职业资格证书，才能上岗。

6. 可行性原则

可行性原则也称有效性原则，要求评估人员素质是合格的，有国家注册的评估师证；评估机构有可以利用的汽车检测设备；能获得评估所需的数据资料，而且这些数据资料是真实可靠的；评估的程序和方法是合法的、科学的。

任务二　二手车鉴定评估的前期准备工作

进行二手车鉴定评估前需要做鉴定评估的前期准备工作，主要包括业务洽谈、核查证件、签订二手车鉴定评估委托书、拟定鉴定评估作业方案等。

一、业务洽谈

业务洽谈是承接评估业务的第一步。与客户洽谈的主要内容有：车主基本情况、车辆情况、委托评估的意向和时间要求等。通过业务洽谈，应该初步了解下述情况：

1. 车主基本情况

车主即二手车所有人，指车辆所有权的单位或个人。接受委托前应了解委托者是否是车主，核查车主身份证（机构代码证）号码、地址是否与有效证件相符，是否具有车辆的处置权；同时还应了解车主单位（或个人）名称、隶属关系和所在地等。

2. 车主要求评估的目的

评估目的是评估所服务的经济行为的具体类型，根据评估目的，选择计价标准和评估方法。一般来说，委托二手车交易市场评估的大多数属于交易类业务，车主要求评估价格的目的大都是作为买卖双方成交的参考底价。

3. 被评估车辆的基本情况

（1）鉴别走私和拼装车辆

在二手车交易市场不可避免会出现一些走私车辆、拼装车辆、盗抢车辆以及事故车辆，如何鉴别这部分车辆，在鉴定评估过程中是一项十分重要而又艰难的工作。它必须凭借技术人员所掌握的专业知识和丰富经验，结合有关部门的信息材料，对评估车辆进行全面细致的鉴别，将这部分车辆与其他正常车辆区分开，从而使二手车交易规范的、有序的进行。

走私车辆是指没有通过国家正常进口渠道进口的，并未完税的车辆。拼装车辆是指一些不法厂商和不法商人为了牟取暴利，非法组织生产、拼装，无产品合格证的假冒、低劣汽车。这些汽车有些是境外整车切割、境内焊接拼装车辆，常见的切割方式如图2-1所示。

图 2-1　常见走私车辆的切割方式

有些是进口汽车散件国内拼装的国外品牌汽车；有些是国内零配件拼装的国内品牌汽车；有些是旧车拼装车辆，即两台或者几台拼装成一台汽车；甚至也有的是国产或进口零配件拼装的杂牌汽车。

对走私车辆、拼装车辆的鉴别方法如下：

1）运用公安车管部门的车辆档案资料，查找车辆来源信息，确定车辆的合法及来源情况。这是一种直接有效的判别方法。

2）查验汽车的产品合格证、维护保养手册。对进口车必须查验进口产品商检证明书和商检标志。

3）检查车辆的外观。查看车身全部是否有重新做漆的痕迹，特别是顶部下沿部位。车身的曲线部位线条是否流畅，尤其是小曲线部位，根据目前技术条件没有专门的设备，不可能处理得十分完美，留下再加工痕迹特别明显。检查门柱和车架部分是否有焊接的痕迹，很多走私车辆是在境外把车身切割后，运入国内再进行焊接拼凑起来的。查看车门、发动机盖、行李舱盖与车身的接合缝隙是否整齐、均匀。

4）查看车辆内饰。检查车内装饰材料是否平整，内装饰压条边沿部分是否有明显的手指印或其他工具碾压留下的痕迹，车顶部装饰材料上或多或少都会留下弄脏后的痕迹印。

5）打开发动机盖，检查发动机和其他零部件是否有拆卸后重新安装的痕迹，是否有旧的零部件或缺少零部件。查看电线、管路布置是否有条理、安装是否平整。核对发动机号码和车辆识别代码（车架号码）字体和部位。

（2）鉴别盗抢车辆

盗抢车辆一般是指公安车管部门已登记上牌的，在使用期内丢失或被不法分子盗窃的，并在公安部门已报案的车辆。由于这类车辆被盗窃方式多种多样，它们被盗窃后遗留下来的痕迹会不同。如撬开门锁、砸车窗玻璃、撬转向盘锁等，它们都会留下痕迹，同时，这些被盗赃车大部分经过一定修饰后再卖出，这些车辆很可能会流入二手车市场。这类车辆的鉴别方法一般有以下几种：

1）根据公安车辆管理部门的档案资料，及时掌握车辆情况，防止盗抢车辆进入二手车市场交易。这些车辆从报案到被找到这段时期内，公安车管部门将这部分车辆材料锁定，不允许进行车辆过户、转籍等一切交易活动。

2）根据一般的盗窃手段，主要检查汽车门锁是否过新，锁芯有无被更换过的痕迹，门窗玻璃是否为原厂正品，窗框四周的密封胶是否有插入玻璃升降器开门的痕迹，转向盘锁或点火开关是否有破坏或调换的痕迹。

3）不法分子急于对有些车辆销赃，他们会对车辆有关证件进行篡改和伪造，使被盗车辆面目全非。检查重点是核对发动机号码和车辆识别代码，检查钢印周围是否有变形或褶皱现象，钢印正反面是否有焊接的痕迹。

4）查看车辆外观是否全身重新做过油漆，或者改变原车辆颜色。

（3）检查车辆其他情况

1）二手车类别，是乘用车还是商用车等。
2）二手车名称、型号、生产厂家和出厂日期。
3）二手车初次注册登记日期和行驶里程。
4）新车来历，是市场上购买，还是走私罚没处理，或是捐赠免税车。
5）车籍，指车辆牌证发放地。
6）使用性质，是公务用车、商用车，还是专业运输车或是出租营运车。
7）手续是否齐全，是否年检。

对上述基本情况了解清楚以后，就可以做出是否接受委托的决定。如果接受委托，就要签订二手车鉴定评估委托书。

二、签订二手车鉴定评估委托书

二手车鉴定评估委托书是受托方与委托方对各自权利责任和义务的协定，是一项经济合同性质的契约。二手车鉴定评估委托书应写明的内容和样式见表2-1。

二手车鉴定评估委托书必须符合国家法律、法规和资产评估业的管理规定。涉及国有资产占有单位要求申请立项的二手车鉴定评估业务，应由委托方提供国有资产管理部门关于评估立项申请的批复文件，经核实后，方能接受委托，签署委托书。

表2-1 二手车鉴定评估委托书

编号：_____

二手车鉴定评估机构：_____

因□交易□转籍□拍卖□置换□抵押□担保□咨询□司法裁决需要，特委托你单位对车辆（号牌号码_____车辆类型_____发动机号_____车架号_____）进行技术状况鉴定并出具评估报告书。

附：委托评估车辆基本信息

车主		身份证号码/法人代码证书		联系电话	
住址				邮政编码	
经办人		身份证号码		联系电话	
住址				邮政编码	
车辆情况	厂牌型号			使用用途	
	载重量/座位/排量			燃料种类	
	初次登记日期	年 月 日		车身颜色	
	已使用年限	年 个月		累计行驶里程（万km）	
	大修次数	发动机（次）		整车（次）	
	维修情况				
	事故情况				
价值反映	购置日期	年 月 日		原始价格（元）	
	车主报价（元）				
备注：					

填表说明：

（1）如被评估车辆使用用途曾经为营运车辆，需在备注栏中予以说明；

（2）委托方必须对车辆信息的真实性负责，不得隐瞒任何情节，凡由此引起的法律责任及赔偿责任由委托方负责；

（3）本委托书一式两份，委托方、受托方各一份。

委托方：（签字、盖章）　　　　　　　　　　　　　经办人：（签字、盖章）

　　年　月　日　　　　　　　　　　　　　　　　　　　年　月　日

三、拟定鉴定评估作业方案

鉴定评估作业方案是二手车鉴定评估机构根据二手车鉴定评估委托书的要求而制定的规划和安排。其主要内容包括评估目的、评估对象和范围、评估基准日、安排具有鉴定评估资格的评估人员及协助评估人员工作的其他人员、现场工作计划、评估程序、评估具体工作和时间安排、拟采用的评估方法及其具体步骤等。

确定鉴定评估方案后,下达二手车鉴定评估作业表(表2-2),进行鉴定评估工作。

表2-2 二手车鉴定评估作业表

车主			所有权性质		□公 □私	联系电话		
住址						经办人		
原始情况	厂牌型号			号牌号码			车辆类型	
	车辆识别代号(VIN)					车身颜色		
	发动机号				车架号			
	载重量/座位/排量					燃料种类		
	注册登记日期		年 月		车辆出厂日期		年 月	
	已使用年限		年 月	累计行驶里程	万 km	使用用途		
检查核对交易证件	证件		□原始发票 □机动车登记证书 □机动车行驶证 □法人代码证或身份证 □其他					
	税费		□购置附加税 □养路费 □车船使用税 □其他					
结构特点								
现时技术状况								
	维护保养情况				现时状态			
价值反映	账面原值(元)				车主报价(元)			
	重置成本(元)		成新率(%)			评估价格(元)		

鉴定评估目的:

鉴定评估说明:

注册二手车鉴定估价师(签名): 复核人(签名)

    年 月 日   年 月 日

填表说明:
(1)现时技术状况:必须如实填写对车辆进行技术鉴定的结果,客观真实地反映出二手车主要部分(含车身、底盘、发动机、电气、内饰等)以及整车的现时技术状况;
(2)鉴定评估说明:应详细说明重置成本的计算方法、成新率的计算方法以及评估价格的计算方法

任务三　二手车证件核查

核查证件是检查被鉴定评估车辆的证件资料，这些资料包括法定证件和税费两类。如对这些证件资料有疑问，应向委托方提出，由委托方向发证机关（单位）索取证明材料，或自行向发证机关（单位）查询核实。

一、核查法定证件

法定证件主要有机动车来历证明、机动车行驶证、机动车登记证书、机动车号牌、道路运输证、机动车安全技术检验合格标志等。

1. 机动车来历证明

机动车来历证明是二手车来源的合法证明。通过检查机动车来历证明可以及时发现该车是否合法、是否为涉案车辆，同时，登录公安机关交通管理部门"全国被盗抢汽车查询系统"，确认车辆为非盗抢车，杜绝盗抢车、走私车、拼装车和报废车的非法交易，避免二手车交易市场成为非法车辆销赃的场所，切实维护消费者的合法权益。机动车来历证明主要包括以下几个方面：

1）在国内购买机动车的来历凭证，可分为新车来历证明和二手车来历证明。在国外购买的机动车，其来历凭证是该车销售单位开具的销售发票及其翻译文本。

①新车来历证明，是指经国家工商行政管理机关验证（加盖工商验证章）的机动车销售发票，如图2-2所示。通常在购买新车时，可在当地的工商行政管理局机动车市场管理分局办理工商验证手续。

②二手车来历证明，是指经国家工商行政管理机关验证（加盖工商验证章）的二手车交易发票。二手车交易发票反映了即将交易的车辆曾是一辆已经交易过的合法使用的二手车。2005年7月5日，国家税务总局下发了《关于统一二手车销售发票式样问题的通知》，统一了全国二手车销售发票式样，如图2-3所示。

2）人民法院调解、裁定或者判决转移的机动车，其来历凭证是人民法院出具的已经生效的《调解书》《裁定书》或者《判决书》以及相应的《协助执行通知书》。

3）仲裁机构仲裁裁决转移的机动车，其来历凭证是《仲裁裁决书》和人民法院出具的《协助执行通知书》。

4）继承、赠予、中奖和协议抵偿债务的机动车，其来历凭证是继承、赠予、中奖和协议抵偿债务的相关文书和公证机关出具的《公证书》。

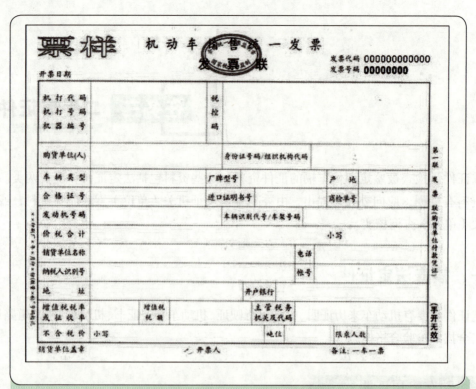

图 2-2 机动车销售统一发票票样

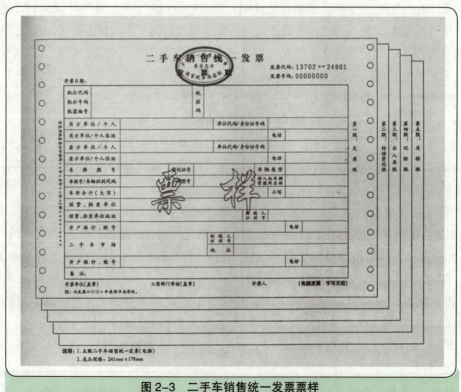

图 2-3 二手车销售统一发票票样

5）资产重组或者资产整体买卖中包含的机动车，其来历凭证是资产主管部门的批准文件。

6）国家机关统一采购并调拨到下属单位未注册登记的机动车，其来历凭证是全国统一的机动车销售发票和该部门出具的调拨证明。

7）国家机关已注册登记并调拨到下属单位的机动车，其来历凭证是该部门出具的调拨证明。

8）经公安机关破案发还的被盗抢且已向原机动车所有人理赔完毕的机动车，其来历凭证是保险公司出具的《权益转让证明书》。

9）更换发动机、车身、车架的来历凭证，是销售单位开具的发票或者修理单位开具的发票。

2. 机动车行驶证

机动车行驶证是由公安车辆管理机关依法对车辆进行注册登记核发的证件。它是机动车取得合法行驶权的凭证。《中华人民共和国道路交通安全法》第十一条规定，机动车行驶证是车辆上路行驶必需的证件。在二手车鉴定评估的手续检查中，机动车行驶证也是检查二手车合法性的凭证之一，如图2-4所示。

通过查验机动车行驶证上的号牌号码、车辆识别代号、发动机号、车架号与车辆实物是否一致，是否有改动、凿痕、锉痕、重新打刻等情况，车辆颜色与车身装置是否与行驶证一致等项目可以初步判断二手车是否合法。

图2-4 机动车行驶证

3. 机动车登记证书

机动车登记证书是由公安车辆管理部门核发和管理的，是机动车的"户口本"和所有权证明，具有产权证明的性质。所有机动车的详细信息及机动车所有人的资料都记载在上面，如图2-5所示。当证书上所记载的原始信息发生变动时，机动车所有人应当及时到车辆管理所办理变更登记；当机动车所有权转移时，原机动车所有人应当将机动车登记证书做变更登记后随车交给现机动车所有人。因此，机动车登记证书是机动车从"生"到"死"的完整记录。

机动车登记证书是二手车鉴定评估人员必须认真查验的手续。机动车登记证书与机动车行驶证相比，其内容更详细，一些评估参数必须从机动车登记证书获取，如使用性质、国产或进口和变更等。例如，在机动车登记证书可以得到该车变更的情况，如图2-6所示。

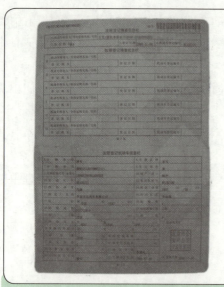

图2-5 机动车登记证书

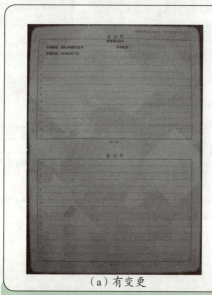

（a）有变更　　　　　　　　　　　（b）多次过户

图2-6 机动车变更情况

2002年之前购买的汽车大部分都没有登记证书，在车辆交易的时候需要先到车辆管理部门进行补办。补办登记证书时需携带机动车所有人的身份证明和交验车辆，按以下要求补办：

1）填写《补领、换领机动车牌证申请表》。

2）机动车所有人的身份证明。

3）属于补领机动车登记证书的，还需提交车辆识别代号（车架号码）拓印膜。

4）属于换领机动车登记证书的，应将原机动车登记证书交回。

5）因被行政执法部门依法没收并拍卖，或者被仲裁机构依法仲裁裁决，或者被人民法院调解、裁定、判决的机动车，现机动车所有人未得到机动车登记证书的，需持行政执法部门、仲裁机构或者人民法院出具的证明，或者人民法院出具的协助执行通知书。

6)机动车所有人为自然人办理补领机动车登记证书业务的,应本人到场申请,不能委托他人代理。机动车所有人因死亡、出境、重病伤残和不可抗力等原因不能到场补领机动车登记证书的,应当出具有关证明。

4. 机动车号牌

机动车号牌如图 2-7 所示,是由公安车辆管理机关依法对机动车进行注册登记核发的号牌。它和机动车行驶证一同核发,其号码与行驶证一致。它是机动车取得合法行驶权的标志。《中华人民共和国道路交通安全法》中第十一条规定,机动车号牌应当按照规定悬挂并保持清晰、完整,不得故意遮挡、污损。目前,我国规定使用的机动车号牌可参考《中华人民共和国机动车号牌》(GA36-2007)。

图 2-7 机动车号牌

5. 道路运输证

道路运输证如图 2-8 所示,是县级以上人民政府交通主管部门设置的道路运输管理机构对从事旅客运输(包括城市出租客运)、货物运输的单位和个人核发的随车携带的证件。营运车辆转籍过户时,应到运管机构及相关部门办理营运过户有关手续。道路运输证只有运营车辆才有,非运营车辆没有此证。

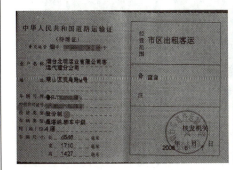 

图 2-8 道路运输证

6. 机动车安全技术检验合格标志

机动车必须进行安全技术检验，检验合格后，公安机关发放合格标志，如图2-9所示。根据《中华人民共和国道路交通安全法实施管理条例》第十三条的规定，机动车检验合格标志应贴在机动车前窗右上角。若无合格标志或无效，则不能交易。

图2-9 机动车检验合格标志

二、核查税费

根据《二手车流通管理办法》规定，二手车交易必须提供车辆购置税完税证明、车船税缴付凭证、车辆保险单等。

1. 车辆购置税

车辆购置税是国家向所有购置车辆的单位和个人，包括国家机关和单位以纳税形式征收的一项费用。其目的是为解决发展公路运输事业与国家财力紧张的突出矛盾，筹集交通基础建设资金。车辆购置税的征收标准，是按车辆计税价的10%计征，由车辆登记注册地的主管税务机关征收。它是购买车辆后支出的最大一项费用。交易时应检查车辆购置税完税证明（图2-10）。

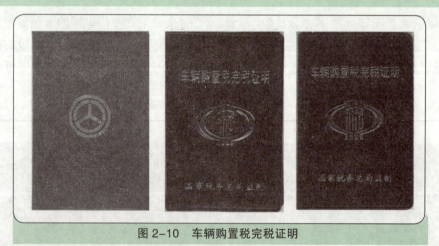

图2-10 车辆购置税完税证明

国家规定车辆购置税的征收和免征范围如下：

（1）车辆购置税的征收范围

车辆购置税的具体征收范围依照《中华人民共和国车辆购置税暂行条例》所附《车辆购置税征收范围表》执行（表2-3）。

表 2-3　车辆购置税征收范围表

应税车辆	具体范围	注　释
汽车	各类汽车	
摩托车	轻便摩托车	最高设计时速不大于 50 km/h，发动机气缸总排量不大于 50 cm^3 的两个或者三个车轮的机动车
	二轮摩托车	最高设计车速大于 50 km/h，或者发动机气缸总排量大于 50 cm^3 的两个车轮的机动车
	三轮摩托车	最高设计车速大于 50 km/h，或者发动机气缸总排量大于 50 cm^3，空车质量不大于 400 kg 的三个车轮的机动车
电车	无轨电车	以电能为动力，由专用输电电缆供电的轮式公共车辆
	有轨电车	以电能为动力，在轨道上行驶的公共车辆
挂车	全挂车	无动力设备，独立承载，由牵引车辆牵引行驶的车辆
	半挂车	无动力设备，与牵引车辆共同承载，由牵引车辆牵引行驶的车辆
农用运输车	三轮农用运输车	柴油发动机，功率不大于 7.4 kW，载质量不大于 500 kg，最高速不大于 40 km/h 的三个车轮的机动车
	四轮农用运输车	柴油发动机，功率不大于 28 kW，载质量不大于 1 500 kg，最高速不大于 50 km/h 的四个车轮的机动车

（2）车辆购置税的免税、减税范围

车辆购置税的免税、减税范围按下列规定执行：

1）外国驻华使馆、领事馆和国际组织驻华机构及其外交人员自用的车辆，免税。
2）中国人民解放军和中国人民武装警察部队列入军队武器装备订货计划的车辆，免税。
3）设有固定装置的非运输车辆，免税。
4）有国务院规定予以免税或者减税的其他情形的，按照规定免税或者减税。

2. 车船税

车船税征收依据是 2007 年 1 月 1 日起实施的《中华人民共和国车船税暂行条例》[国务院令第 482 号]。根据规定，凡在中华人民共和国境内，车辆、船舶（以下简称车船）的所有人或者管理人为车船税的纳税人，应当依照本条例的规定缴纳车船税，车船税标如图 2-11 所示，车船税由地方税务机关负责征收。车船税征收标准见表 2-4。

图 2-11　车船税标

表2-4 机动车车船税税目税额表

税目		计税单位	年基准税额（元）	备注
乘用车按发动机气缸容量（排气量分档）	1.0升（含）以下的	每辆	60～360	核定载客人数9人（含）以下
	1.0升以上至1.6升（含）的		300～540	
	1.6升以上至2.0升（含）的		360～660	
	2.0升以上至2.5升（含）的		660～1 200	
	2.5升以上至3.0升（含）的		1 200～2 400	
	3.0升以上至4.0升（含）的		2 400～3 600	
	4.0升以上的		3 600～5 400	
商用车	客车	每辆	480～1 440	核定载客人数9人（包括电车）以上
	货车	整备质量每吨	16～120	1. 包括半挂牵引车、挂车、客货两用汽车、三轮汽车和低速载货汽车等。 2. 挂车按照货车税额的50%计算
其他车辆	专用作业车	整备质量每吨	16～120	不包括拖拉机
	轮式专用机械车	整备质量每吨	16～120	
摩托车		每辆	36～180	

3. 机动车保险费

　　机动车保险是各种机动车在使用过程中发生肇事车辆造成车辆本身以及第三者人身伤亡和财产损失后的一种经济补偿制度。机动车保险费是为了防止机动车发生意外事故，为转嫁风险，避免用户发生较大损失而向保险公司所交付的与保险责任相适应的费用。机动车保险实际上是一种运用社会集体的力量，共同建立规避风险基金进行补偿或给付的经济保障。我国机动车保险险种分为基本险和附加险两大类。基本险是指可以单独投保和承保的险别。附加险是指不能单独投保和承保的险别。投保人只能在投保基本险的基础上，根据自己的需要选择加以投保。基本险和附加险又分别有不同险种。基本险（又称为主险）分为车辆损失险、第三者责任险和车辆盗抢险。附加险又分为车上责任险、无过失责任险、车载货物掉落责任险、玻璃单独破碎险、车辆停驶损失险、自燃损失险、新增设备损失险和不计免赔特约险。基本险与附加险的关系如下：如果附加险的条款和基本险条款发生抵触，抵触之处的解释以附加险条款为准；如果附加险条款未做规定，则以基本险条款为准。保险人按照承保险别分别承担保险责任。

（1）车辆损失险

　　车辆损失险是指保险车辆遭受保险责任范围内的自然灾害（不包括地震）或意外事故，造成保险车辆本身损失，保险人依据保险合同的规定给予赔偿的保险，是一种车主自愿购买的险种。车辆损失险是一种商业险种，不是强制性购买的。

（2）第三者责任险

　　第三者责任险，是指保险期间内，被保险人或其允许的合法驾驶人在使用被保险机动车过程中发生意外事故，致使第三者遭受人身伤亡或财产直接损毁，被保人依法给予赔偿的经济赔偿责任。保险合同中的第三者是指因被保险机动车发生意外事故遭受人身伤亡或者财产损失的人，但不包括被保险机动车本车上人员、投保人、被保险人和保险人。第三者责任险是我国绝大多数地区强制实行的保险险种，没有投保第三者责任保险的新车，公安车辆管理机关不发牌证，每年的汽车检验不能通过。所以交易时应检查强制保险标志，如图2-12所示。目前我国机动车第三者责任险分为商业性的第三者责任险（简称三者险）和公益性的机动车交通事故责任强制保险（简称交强险）两种。

交强险是我国首个由国家法律规定实行的强制保险制度。国务院2006年3月28日颁布的《机动车交通事故责任强制保险条例》（以下简称《条例》）规定：交强险是由保险公司对被保险机动车发生道路交通事故造成受害人（不包括本车人员和被保险人）的人身伤亡、财产损失，在责任限额内予以赔偿的强制性责任保险。按照《条例》规定，新车登记上牌必须办理交强险。交强险具有强制性、广泛覆盖性及公益性的特点。交强险与三者险的区别主要表现在以下6个方面：

图2-12 强制保险标志

1）实行强制性投保和强制性承保。交强险其强制性一方面体现在所有上道路行驶的机动车的所有人或管理人必须依法投保该险种。区别于现行的机动车第三者责任保险，《条例》也要求具有经营交强险资格的保险公司不能拒绝承保和随意解除合同。

2）赔偿原则发生变化。目前实行的商业机动车第三者责任保险，保险公司是根据被保险人在交通事故中所承担的事故责任来确定其赔偿责任。交强险实施后，无论被保险人是否在交通事故中负有责任，保险公司均将按照《条例》以及交强险条款的具体要求在责任限额内予以赔偿。

3）保障范围宽。为有效控制风险，减少损失，商业机动车第三者责任保险规定有不同的责任免除事项和免赔率（额）；而交强险除被保险人故意造成交通事故等少数几项情况外，其保险责任几乎涵盖了所有道路交通风险，且不设免赔率与免赔额。

4）按不盈不亏原则制定保险费率。交强险不以赢利为目的，并实行与其他保险业务分开管理、单独核算；而商业机动车第三者责任保险则无需与其他车险险种分开管理、单独核算。

5）实行分项责任限额。商业机动车第三者责任保险即无论人伤还是物损均在一个限额下进行赔偿，并由保险公司自行制定责任限额水平；交强险由法律规定实行分项责任限额，即分为死亡伤残赔偿限额、医疗费用赔偿限额、财产损失赔偿限额以及被保险人在道路交通事故中无责任的赔偿限额。

6）实行统一条款和基础费率，并且费率与交通违章挂钩。在商业机动车第三者责任保险中不同保险公司的条款费率相互存在差异；交强险实行统一的保险条款和基础费率。

（3）车辆盗抢险

车辆盗抢险全称是机动车辆全车盗抢险。盗抢险是一种商业险种，不是强制性购买的。机动车辆全车盗抢险的保险责任为全车被盗窃、被抢劫、被抢夺造成的车辆损失以及在被盗窃、被抢劫、被抢夺期间受到损坏或车上零部件、附属设备丢失需要修复的合理费用。可见，机动车辆全车盗抢险的保险责任包含两部分：一是因被盗窃、被抢劫、被抢夺造成的保险车辆的损失；二是因保险车辆被盗窃、被抢劫、被抢夺造成的合理费用支出。对于上述两部分费用，由保险公司在保险金额内负责赔偿。

三、车辆拍照

车辆拍照是评估人员对被评估车辆拍摄照片，并存入系统存档。

二手车常见拍摄位置：对二手车拍照一般要拍摄前面、侧面和后面3个方向的整体外形照，发动机舱、驾驶室、行李舱等局部位置的照片。

1. 整体外形照

采用平拍，其中，前面照（也称为标准照）是在与车左前侧呈45°方向拍摄，如图2-13所示；侧面照是正侧面拍摄，如图2-14所示；后面照是在与车右后侧呈45°方向拍摄，如图4-15所示。

图2-13 二手车标准照

图2-14 二手车侧面照

图2-15 二手车后面照

2. 局部位置照

采用俯拍，如图2-16所示。

图2-16 二手车局部照

课题三 二手车技术状况鉴定

【知识目标】

1. 了解二手车技术状况鉴定的流程；
2. 掌握静态检查的要点和方法；
3. 能够对汽车进行动态检查；
4. 能够正确使用底盘测功机、车速试验台、侧滑试验台、制动试验台、四轮定位仪等常用设备进行检测。

【技能目标】

1. 掌握二手车静态检查的方法；
2. 掌握二手车动态检查的方法；
3. 掌握二手车仪器检查的方法。

任务一 静态检查

汽车技术状况的静态检查主要包括对汽车的识伪检查和外观检查两大部分。其中识伪检查在前面内容中已做介绍,外观检查主要包括鉴别事故车辆、检查车身外观、检查驾驶室和车厢内部、检查发动机舱和检查车辆底等内容。

对车辆进行外观检查时首先应当清洗车辆,然后将车辆放置于举升机进行检查。

1. 鉴别事故车辆

机动车发生事故会极大地损害车辆的技术性能,但由于车辆在交易以前往往会进行整修、修复,因此正确判别车辆是否发生过事故对于准确判断车辆技术状况、合理评定车辆交易价格具有重要意义。

(1) 检查车辆的周正情况

检查车身是否发生过碰撞,可站在车的前部观察车身各部的周正、对称情况,特别注意观察车身各接缝,如出现不直、缝隙大小不一、线条弯曲、装饰条有脱落或新旧不一,说明该车可能出现过事故或修理过。

1) 方法一:

从汽车的前面走出 3～5 m,蹲下沿着轮胎和汽车的外表面看汽车的两侧。在两侧,前、后车轮应该排成一线。然后,走到汽车后面进行同样的观察。

第一,前轮和后轮应该仍然成一条直线。如果不是这样,则车架或整体车身弯了,如图 3-1 所示。

第二,即使左侧前、后轮和右侧前、后轮互相成一条直线,但一侧车轮比另一侧车轮更突出车身。如果是这样,则汽车曾经碰撞过。

2) 方法二:

蹲在前车轮附近,检查车轮后面的空间,即车轮后面与车轮罩后缘之间的距离。用直尺测量这段距离。再转到另一前轮,测量车轮后面和车轮罩后缘之间的距离。两次测量结果应该大致相同。在后轮测量同一距离。如果发现左前轮或左后轮和它们的轮罩之间距离与右前轮或右后轮的相应距离大大不同,则车架或整体车身弯了,如图 3-2 所示。

任务一 静态检查

图 3-1 检查汽车两侧的前、后轮是否在同一直线上

图 3-2 测量每个车轮后面与车轮罩后缘之间的距离

（2）检查油漆脱落情况

查看排气管、镶条、窗户四周和轮胎等处是否有多余油漆。如果有，说明该车已做过油漆或翻新。用一块磁铁（最好选用冰箱柔性磁铁，不会损伤汽车漆面，且磁性足以承担此项工作）在车身周围移动，如遇到突然减小磁力的地方，说明该局部补了灰，做了油漆。当用手敲击车身时，如敲击声发脆，说明车身没有补灰做漆；如果敲击声沉闷，则说明车身曾补灰做漆。修复后漆面的常见问题如图 3-3 所示。

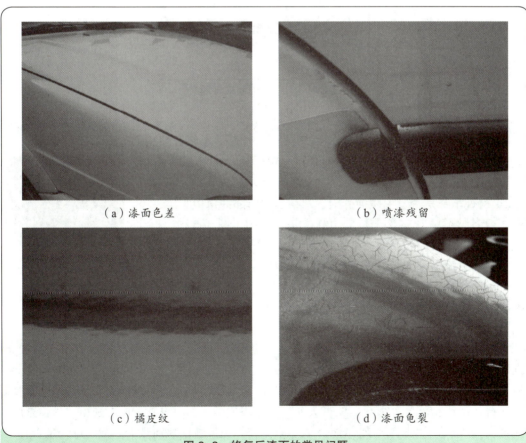

(a) 漆面色差　　　　　　　(b) 喷漆残留

(c) 橘皮纹　　　　　　　　(d) 漆面龟裂

图 3-3 修复后漆面的常见问题

(3) 检查底盘线束及其连接情况

在检查车辆底盘时,应认真观察其连接部件配合是否良好,车身是否有多余焊缝,线束、仪表部件等是否安装整齐、新旧程度接近,车底是否漏水、漏油、漏气,锈蚀程度与车体上部检查的是否相符,是否有焊接痕迹,车辆转向节臂转向横直拉杆及球销有无裂纹和损伤,球销是否松旷,连接是否牢固可靠,车辆车架是否有弯、扭、裂、断、锈蚀等损伤,螺栓是否齐全、紧固,车辆前后是否有变形、裂纹,固定在车身上的线束是否整齐,新旧程度是否一致,这些都可以作为判断车辆是否发生过事故的线索。

2. 检查车身外观

轿车和客车的车身在整个机动车中价值权重较大,维修费用较高,因此车身外观检查是机动车技术鉴定的重要工作,其中还应包括对事故车辆的鉴别。检查顺序从车的前部开始,如图 3-4 所示。

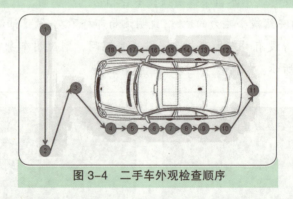

图 3-4 二手车外观检查顺序

1)检查保险杠有无明显变形、损坏,有无校正、重新补漆的痕迹。检查车体是否周正,车体外缘左右对称部位的高度差不得大于 40 mm。

2)检查车身是否发生碰撞受损,站在车的前部一角望车尾,观察车身各接缝,观察翼子板周边缝隙是否均匀(图 3-5)。如出现接缝不直,缝隙大小不一致,线条弯曲,装饰条有脱落或新旧不一,说明该车可能出现过交通事故并修理过。

图 3-5 翼子板周边缝隙

3)检查车门、车窗,车门、窗应起闭灵活、关闭严密、锁止可靠,缝隙均匀不松旷;检查 A 柱焊点、封胶等是否完好。

4)检查车身金属零部件锈蚀情况,主要检查车门、车窗、排水槽、底板、各接缝等处(图 3-6),如锈蚀严重,说明该车使用状况恶劣,使用年限长。检查车身油漆,查看密封胶条、窗框四周、轮胎和排气管等处是否有多余油漆,如果有,说明该车车身曾翻新重做油漆。检查后视镜、下视镜、风窗玻璃,机动车必须在左、右各设置一面后视镜,安装、调节及视野范围应符合规定。车长大于 6 m 的平头客车、平头货车车前应设置一面下视镜。当检查前风窗玻璃没有国家安全玻璃认证标志时,表明该车曾经更换过前风窗玻璃。检查灯光是否齐全、有效,光色、光强是否符合国家标准有关规定。

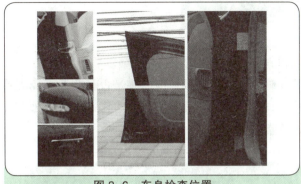

图 3-6　车身检查位置

3. 检查驾驶室、车厢内部

驾驶员座椅、乘员座椅安装应牢固可靠。驾驶员座椅、副驾驶员座椅的安全带应齐全、有效。查看座椅的新旧程度，座椅表面应平整、清洁、无破损。车顶的内篷是否破裂，车辆内部是否污秽发霉。检查地毡或地板胶是否残旧。揭开地毡或地板胶，查看车厢底板是否有潮湿或生锈的痕迹，是否有烧焊的痕迹。打开行李舱，检查舱盖防水胶条是否完好。行李舱是否锈蚀，是否有烧焊的痕迹，如图 3-7 所示。检查仪表盘底部有没有更改线束的痕迹。要求安装汽车行驶记录仪的车辆有无按要求安装，能否正常工作。检查离合器踏板、制动踏板、加速踏板有无弯曲变形及干涉现象，检查各踏板胶条的磨损情况，如图 3-8 所示。

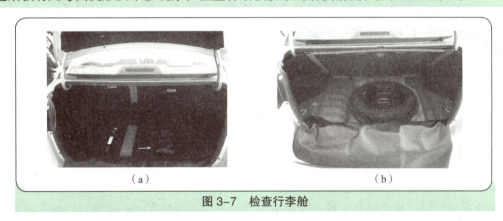

（a）　　　　　　　　　　　　　　（b）

图 3-7　检查行李舱

（a）手动挡踏板检查　　　　　　　（b）自动挡踏板检查

图 3-8　踏板检查

4. 检查发动机舱（图3-9）

检查左右翼子板内衬板是否有变形、烧焊等维修痕迹；左右悬挂底座是否完好；上下水箱框架是否有碰撞痕迹（修复、更新等）；前纵梁是否有变形、烧焊等碰撞修复痕迹；前防火墙是否有碰撞损伤痕迹；发动机外观是否有损伤、渗漏；各类液体（机油、防冻液、制动液等）颜色、液量是否正常。

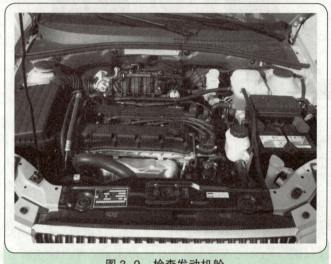

图 3-9　检查发动机舱

5. 检查车内电气设备状况

检查刮水器、音响设备、仪表、空调设备等是否齐全、有效。高档客车、轿车电气设备在整车中价值权重较大，维修费用较高。因此，在检查过程中应认真慎重。

6. 检查车辆底盘

检查发动机固定是否可靠，检查发动机与传动系的连接情况。燃油箱及燃油管路应固定可靠，不得有渗、漏油现象，燃油管路与其他部件不应有磨蹭现象。软管不得有老化开裂、磨损等异常现象。检查传动轴中间支撑轴承及支架、万向节等有无裂纹和松旷现象。检查转向节臂、转向横直拉杆有无裂纹和损伤，有无拼焊现象。转向横直拉杆球销是否松旷、连接是否可靠。检查车架是否有裂纹和影响车辆正常行驶的变形，螺栓和铆钉不得缺少和松动。车架不得进行焊接加工。检查前、后桥是否有变形、裂纹。检查钢板弹簧有无裂纹、断片和缺片现象。中心螺栓和U形螺栓是否紧固。减振器是否漏油。车架与悬架之间的各拉杆和导杆应无松旷和移位现象。检查排气管、消声器是否齐全及固定情况，有无破损和漏气现象。检查制动总泵、分泵、制动管路，不得有漏气、漏油现象。软管不得有老化开裂、磨损异常等现象。检查电气线路，所有电气导线均应捆扎成束、布置整齐、固定卡紧、接头牢固并有绝缘套，在导线穿越孔洞时需装设绝缘套管。

7.检查车轮

（1）轮胎外观检查

轮胎不应有异常磨损（图3-10），当轮胎出现非正常磨损时，表明该车的车轮定位参数不准确或是车辆长期超载运行。机动车轮胎胎冠上花纹深度不得少于1.6 mm，转向轮轮胎胎冠上花纹深度不得少于3.2 mm。轮胎的胎面和胎壁不得有长度超过25 mm、深度足以暴露出轮胎帘布层的破裂和割伤。转向车轮不得使用翻新轮胎。

图3-10 车轮异常磨损

车轮的磨损形式包括：

1）两肩快速磨损——胎压不足或换位不够。

2）中间快速磨损——胎压太足或换位不够。

3）胎面磨损——胎压不足或超速。

4）单边磨损——过度外倾。

5）羽边磨损——前束不当。

6）秃斑——车轮不平衡。

7）扇形磨损——悬架变形或换位不够。

（2）车轮横向和径向摆动量检查

当车轮横向和径向摆动量超过规定值时，车辆行驶过程中会引起转向轮摆振、行驶不稳定。

顶起车桥，用百分表触点触到轮胎前端胎冠外侧，用手前后摆动轮胎，测其横向摆动量。将百分表移至轮胎上方，使触点触到胎冠中部，然后用撬杆向上撬动轮胎，测量其径向摆动量。车轮横向和径向摆动量，小型汽车不大于5 mm，其他车辆不大于8 mm。

任务二　动态检查

二手车动态检查是通过对汽车各种工况，如发动机起动、怠速、起步、加速、匀速、滑行、强制减速、紧急制动、从低速挡到高速挡、从高速挡到低速挡的行驶，检查汽车的操纵性能、制动性能、滑行性能、加速性能、噪声和废气排放情况，以鉴定二手车的技术状况。二手车的动态检查包括无负荷时的工况检查和路试检查。

一、无负荷时的工况检查

1. 发动机起动状况的检查

在正常情况下，用起动机起动发动机时，应在3次内起动成功。起动时，每次时间不超过10s，再次起动时间要间隔15s以上。若发动机不能正常起动，说明发动机的起动性能不好。

如果由于发动机曲轴不能转动而导致发动机无法起动，其原因主要可能是蓄电池电量不足或起动机工作不良，也可能是发动机运转阻力过大。检查发动机起动阻力时，应拆下全部火花塞或喷油器，人工运转曲轴，检查转动阻力。

如果起动时曲轴能正常转动，但发动机起动仍很困难，对于汽油发动机，其原因主要可能是点火系统点火不正时、火花塞火弱或无火；燃油系统工作不良，使混合气过稀或过浓；气缸压缩压力过低等。对于柴油发动机，除气缸压缩压力过低外，燃油中有水或空气，输油泵、喷油泵、喷油器工作不良，燃油系统管路堵塞等，都可能导致发动机起动困难。

2. 发动机无负荷时的检查

（1）检查发动机怠速运转情况

怠速工况下，发动机应在规定的转速范围内稳定地运转。如果怠速转速过高或运转不稳定，说明发动机怠速不良。对于汽油发动机，怠速不良的原因主要有点火正时、气门间隙、配气正时或怠速调整不当；曲轴箱通风单向阀不密封或卡阻，怠速时不能关闭；点火系统或供油系统工作不良；气缸压缩压力过低或各缸压缩压力不一致等。对于柴油发动机，怠速不良的原因主要有供油正时、气门间隙、配气正时或怠速调整不当；燃油中有水、气或黏度不符合要求；各缸柱塞、出油阀配件及喷油器工况不一致，或是调速器锈蚀、松旷、弹簧疲劳、供油拉杆对应的拨叉或齿扇松动等，导致各缸喷油量或喷油压力不一致；气缸压缩压力过低或各缸压缩压力不一致等。

发动机怠速运转时,检查各仪表工作状况,检查电源系统充电情况。

(2) 检查急加速性

待水温、油温正常后,通过改变节气门开度,检查发动机在各种转速下运转是否平稳,改变转速时过渡应圆滑。迅速踏下加速踏板,发动机由怠速状态猛加速,观察发动机转速是否能迅速由低速到高速灵活反应,发动机应无"回火"、"放炮"现象。当加速踏板踩到底时,迅速释放加速踏板,观察发动机转速是否能迅速由高速到低速灵活反应,发动机不能怠速熄火。发动机加速运转过程中,检查发动机有无"敲缸"和气门运动噪声。在规定转速下,发动机机油压力应符合有关规定。

(3) 检查发动机窜油、窜气

打开润滑油加注口,缓缓踩下加速踏板,如果窜气严重,肉眼可以观察到油雾气。若窜气不严重,可用一张白纸,放在离润滑油加注口 50 mm 左右处,然后加速,若窜油、窜气,白纸上会有油迹,严重时油迹面积大。

(4) 检查排气颜色

正常的汽油发动机排出的气体应该是无色的,在严寒的冬季可见白色的水汽;柴油发动机带负荷工作时排出的气体一般是淡灰色的,当负荷较大时,为深灰色。无论是汽油机还是柴油机,如果排气颜色发蓝色,说明机油窜入燃烧室。若机油油面不高,最常见的是气缸与活塞密封出现问题,即活塞、活塞环因磨损与气缸的间隙过大。无论汽油发动机还是柴油发动机,如果排气管冒黑烟,说明是混合气过浓,汽油发动机点火时刻过迟等原因造成的。

(5) 检查发动机熄火情况

对于汽油机,关闭点火开关后,发动机正常熄火;对于柴油机,停机装置应灵活有效。

3. 检查转向系

(1) 转向盘 (图3-11) 自由行程检查

将车辆停放在平坦路面上,左右转动转向盘,从中间位置向左或向右时,转向盘游动间隙不应该超过 30 mm。如果是带助力转向的车辆,最好在起动发动机后做检查。如果转向盘的间隙过大,就需要对转向系统各部分间隙进行调整,这是需要到修理厂进行的工作。

图 3-11 转向盘

转向盘游隙的检查方法如下:

1) 利用游隙检查器检查。使两前轮处于直线行驶位置,将检查器的刻度盘和指针分别夹在转向管柱和转向盘上，分别向左（右）转转向盘到有阻力为止，再反转到有阻力为止，此时指针在刻度盘上划过的角度为转向盘游隙。

2）利用铁丝检查。铁丝一端固定在转向器管柱上，另一端伸到转向盘轮缘，转动转向盘，用尺测量转向盘划过的弧长 L，再测得转向盘半径 R，根据 $\alpha=L/R$ 求得方向盘游隙。

（2）转向系传动间隙检查

可以用两手握住转向盘，采用上、下、左、右方向摇动，此时应该没有很松旷之感，如果很松，就需要调整转向轴承、横拉杆、直拉杆等，看有无松旷或螺母脱落等现象。

二、路试检查

汽车路试一般在 20 km 左右。通过一定里程的路试检查汽车的工况。路试检查的内容如下：

1. 检查离合器

正常的离合器应该是接合平稳，分离彻底，工作时不得有异响、抖动和不正常打滑现象。踏板自由行程应符合二手车技术条件的有关规定。

离合器常出现的故障为离合器打滑、离合器分离不彻底、离合器发抖、离合器异响。这些故障会导致起步困难、行驶无力、爬坡困难、变速器齿轮发出刺耳的撞击声、起步时车身发抖等现象。

（1）离合器分离不彻底检查

离合器分离不彻底的现象如下：
1）起动发动机，挂挡，松驻车制动，正常起步，不抬离合器踏板汽车就行走或熄火。
2）发动机怠速时踩下离合器踏板，换挡困难同时变速器齿轮发出撞击声。

其原因是：离合器踏板自由行程过大、离合器压盘限位螺钉调整不当，或是更换了过厚的离合器摩擦片、离合器分离杠杆不在同一平面上等。

（2）离合器打滑检查

离合器打滑的现象如下：
1）汽车正常起步或重载上坡时动力不足。
2）加大节气门车速不能随之增加。
3）严重打滑时，离合器摩擦片处冒烟，有焦臭味。

其原因是：离合器踏板自由行程太小、分离轴承经常压在膜片弹簧上，使压盘总是处于半分离状态；离合器压盘弹簧过软或有折断等。

(3)离合器异响检查

如果在使用离合器过程中出现异响也是不正常的。响声形成原因大部分都是离合器内部的零件有损坏或配合松旷,这肯定需要进修理厂了。其故障原因是:分离轴承磨损严重、轴承回位弹簧过软或折断、膜片弹簧支架有故障等。

(4)离合器发抖检查

离合器发抖的实质是摩擦力矩在压盘上分布不均匀。汽车起步时,驾驶员按正常操作缓慢的放松离合器踏板,汽车不是平稳的起步加速,而是间断接通动力,汽车轻微抖动,有行进振动感觉。其故障原因是:分离杠杆高度不一致,动平衡遭到破坏,压盘弹簧弹力不均匀,摩擦片有油污,从动盘翘曲变形等。

2. 检查制动性能

(1)制动性能检测的技术要求

汽车制动性能和应急制动性能的路试检测在平坦、硬实、清洁、干燥且轮胎与地面间附着系数不小于0.7的水泥或沥青路面上进行。

汽车在规定初速度下的制动距离和制动稳定性要求应符合的规定见表3-1。紧急制动性能要求应符合的规定见表3-2。

表3-1 制动距离和制动稳定性要求

汽车类型	制动初速度/(km·h^{-1})	满载检验制动距离要求/m	空载检验制动距离要求/m	试验通道宽度/m
三轮汽车	20	≤5.0		2.5
乘用车	50	≤20.0	≤19.0	2.5
总质量不大于3 500 kg的低速汽车	30	≤9.0	≤8.0	2.5
其他质量不大于3500 kg的低速汽车	50	≤22.0	≤21.0	2.5
其他汽车、汽车列车	30	≤10.0	≤9.0	3.0
两轮摩托车	30	≤7.0	—	
边三轮摩托车	30	≤8.0		2.5
正三轮摩托车	30	≤7.5		2.3
轻便摩托车	20	≤4.0		—
轮式拖拉机运输机组	20	≤6.5	≤6.0	3
手扶变型运输机	20	≤6.5		2.3

表 3-2　紧急制动性能要求

汽车类型	制动初速度 / (km·h^{-1})	制动距离 /m	充分发出的平均减速度 / (m·s^{-2})	允许操纵力不应大于 /N	
				手操纵	脚操纵
三轮汽车	50	≤ 38.0	≥ 2.9	400	500
乘用车	30	≤ 18.0	≥ 2.5	600	700
其他汽车（三轮汽车除外）	30	≤ 20.0	≥ 2.2	600	700

（2）制动性能检查内容

1）检查行车制动。汽车起步后，先点一下制动检查是否有制动。将车加速至 20 km/h 做一次紧急制动，检查制动是否可靠，有无跑偏、甩尾现象；再将车加速至 50 km/h，先用点制动的方法检查汽车是否立即减速、跑偏，再用紧急制动的方法检查制动距离和跑偏量。

2）检查驻车制动（手刹）。如果在坡路上拉紧驻车制动后出现溜车，说明驻车制动有故障。其原因可能是手制动器拉杆调整过长；或是摩擦片与制动鼓（盘）间隙过大或有油污；摩擦片磨损严重或打滑；制动鼓（盘）与摩擦片接触不良等。

3. 检查变速器

汽车起步以后从低速到高速加挡，再由高速到低速减挡。手动挡检查结论：看变速器在加减挡过程中换挡是否灵活，是否乱挡、跳挡、夹排，是否发生异响；如果变速器磨损严重，则会表现出换挡行程长、入挡位置不清晰、挡把左右乱晃等现象。自动挡检查结论：在各个挡位上是否有闯挡现象，是否有明显的换挡冲击感，是否有换挡延迟现象，升降挡是否顺畅。

4. 检查操纵稳定性

检查前要在原地左、右转动转向盘，转向系应该没有异响或犯卡现象。先低速行驶检查，向左、右转动转向盘，看转向是否灵活、轻便，有无回正力矩；撒手转向盘，看车辆是否跑偏；再进行高速行驶检查，看车辆是否有偏、摆现象。

结论：原地检查时，小型车的转向盘应基本没有自由间隙，左右转动时只能感觉到一定的弹性变形；大中型车转向盘自由间隙应不超过 15°。行驶检查时转向应轻便、灵活、准确，松开转向盘后，应有自动回正能力。

5. 检查底盘

车辆由原地起步，加速至 60 km/h 左右，感觉车辆有没有振抖、异响，如果有，可能前悬挂有部件松动或车轮不平衡，或者传动轴弯曲；车辆在 40 km/h 时突然松开节气门，然后猛然加速，听主减速器是否发出特别大的声响，如果有则表明主减速器磨损严重。

6. 检查机械传动效率

在平坦的路面上,将车辆加速到 50 km/h,踏下离合器踏板,将变速器挂入空挡滑行,根据滑行距离估计车辆传动效率高低。结论:在平、直的道路上以 50 km/h 初始速度空挡滑行,一般滑行距离为:轻型车 450~600 m,小型车 400~500 m,中、重型车 600 m 以上,如达不到甚至相差很多,说明车辆的行驶系统阻力很大,不正常,车辆肯定比较费油。

三、路试后检查

1. 检查各部件温度

检查冷却液、轮毂、制动鼓、变速器壳、驱动桥壳等温度是否正常。若过热可能是由润滑不良和间隙过小的问题引起,要排查故障原因。

2. 检查"四漏"现象

1)在发动机运转及停车时,水箱、水泵、缸体、缸盖、暖风装置及所有连接部位不得有明显渗、漏水现象。
2)汽车连续行驶距离不小于 10 km,停车 5 min 后观察,不得有明显渗、漏油现象。
3)检查汽车的气、电泄漏现象。

任务三 仪器检查

二手车静态检查主要是依靠工作人员的经验对汽车进行定性的检查，当对于汽车的各项技术性能及总成、部件的技术状况进行定量、客观的评价时，通常需要借助检测设备进行仪器检查。

一、汽车动力性检测

汽车动力性的好坏直接影响汽车运输效率的高低。汽车动力性的检测方法有道路试验和室内台架试验两大类。室内台架试验不受客观条件影响，测试条件易于控制，所以在汽车检测站得到广泛应用。

1. 汽车动力性室内台架检测

汽车动力性室内台架试验的方式，主要是用底盘测功机检测汽车的最大输出功率、最高车速和加速能力，如图 3-12 所示。

图 3-12　底盘测功机

底盘测功机的使用方法如下：

（1）检测点的选择

测功试验时，应选择几个有代表性的工况测试汽车驱动轮的输出功率或驱动力：如发动机额定功率所对应的车速（或转速），发动机最大转矩所对应的车速（或转速），汽车常用车速（如经济车速）（或转速），或根据交通管理部门的要求选择检测点。

(2)测功方法

1)接通试验台电源,并根据被检车辆驱动轮输出功率的大小,将功率指示表的转换开关置于低挡或高挡位置。

2)操纵手柄(或按钮),升起举升器的托板。

3)将被检汽车的驱动轮尽可能与滚筒成垂直状态地停放在试验台滚筒间的举升器托板上。

4)操纵手柄,降下举升器托板,直到轮胎与举升器托板完全脱离为止。

5)用三角铁板架抵住位于试验台滚筒之外的一对车轮的前方,以防止汽车在检测时从试验台滑出去,将冷却风扇置于被检汽车正前方,并接通电源。

6)检测发动机额定功率和最大转矩转速下驱动车轮的输出功率或驱动力时,将变速器挂入选定挡位,松开驻车制动,踩下加速踏板,同时调节测功器制动力矩对滚筒加载,使发动机在节气门全开情况下以额定转速运转。待发动机转速稳定后,读取并打印驱动车轮的输出功率(或驱动力)值、试验车速值。在节气门全开情况下继续对滚筒加载,至发动机转速降至最大转矩转速稳定运转时,读取并打印驱动车轮的驱动力(或输出功率)值、试验车速值。

发动机全负荷选定车速下驱动车轮输出功率或驱动力的检测,是在踩下加速踏板的同时调节测功器制动力矩对滚筒加载,使发动机在节气门全开情况下以选定的试验车速稳定运转进行的。发动机部分负荷选定车速下驱动车轮输出功率或驱动力的检测与此相同,只不过发动机是在选定的部分负荷下工作的。

7)全部检测结束,待驱动轮停止转动后,移开风扇,去掉车轮前的三角板架,操纵手柄,举起举升器的托板,将被检汽车驶离试验台。

8)切断试验台电源。

(3)注意事项

1)超过试验台允许轴重或轮重的车辆一律不准上试验台进行检测。

2)检测过程中,切勿拨弄举升器托板操纵手柄,车前方严禁站人,以确保检测安全。

3)检测额定功率和最大扭矩相应转速工况下的驱动轮输出功率时,一定要开启冷却风扇并密切注意各种异响和发动机的冷却水温。

4)走合期间的新车和大修车不宜进行底盘测功。

5)试验台不检测期间,不准在上面停放车辆。

2. 发动机气缸密封性检测

发动机密封性是由气缸活塞组、气门与气门座以及气缸盖、气缸体、气缸垫及相关零件保证的。发动机的热效率和平均指示压力与气缸压缩终了的压力有密切关系。影响气缸压缩终了压力的因素有气缸活塞组的密封性、气门与气门座的密封性以及气缸垫的密封性等。因此,通过气缸压缩终了压力的测量,可以间接地判断上述部位的技术状况。

气缸压力表外形如图3-13所示。

1)结构与原理。汽缸压力表是一种气体压力表,由表头、导管、单向阀和接头等组成,其驱动元件为一根扁平的弯曲成圆圈状的管子,一端固定,另一端通过杠杆、齿轮机构带动指针运动,在表盘上指示出压力大小。

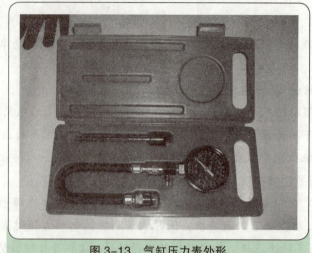

图 3-13　气缸压力表外形

2）检测条件。发动机应运转至正常工作温度，发动机水温应达 85℃ 以上。

3）检测方法。拆下空气滤清器，用压缩空气吹净火花塞或喷油器周围的脏物，然后卸下全部火花塞或喷油器，并按气缸次序放置。对于汽油发动机，还应把分电器中央电极高压线拔下并可靠搭铁，以防止电击和着火，然后把气缸压力表的橡胶接头插在被测缸的火花塞孔内，扶正压紧。节气门和阻风门置于全开位置，用起动机转动曲轴 3～5 s（不少于 4 个压缩行程），待压力表头指针指示并保持最大压力后停止转动。取下气缸压力表，记下读数，按下单向阀使压力表指针回零。按上述方法依次测量各缸，每缸测量次数不少于两次。

就车检测柴油机气缸压力时，应使用螺纹接头的气缸压力表。如果该机要求在较高转速下测量，此种情况除受检气缸外，其余气缸均应工作。其他检测条件和检测方法同于汽油机。

二、使用汽车车速表检测

1. 车速表试验台的结构与功能

车速表试验台由速度测量装置、速度指示装置和速度报警装置等组成，如图 3-14 所示。

（1）速度测量装置

速度测量装置主要由滚筒、速度传感器、举升器、框架等组成。滚筒一般为 4 个，直径为 185 mm 或更大，通过滚筒轴承安装在框架上。在前、后滚筒之间设有举升器，以便汽车进出试验台。举升器与滚筒制动装置联动，举升器升起时，滚筒不会转动。

（2）速度指示装置

速度指示装置是根据速度传感器传来的电信号进行工作的。根据滚筒圆周长与转速可算出其线速度，以 km/h 为单位在速度指示仪表上显示车速。

图3-14 车速表试验台

（3）速度报警装置

速度报警装置是在测量时，为便于判明车速表误差是否在合格范围之内而设置的，一般有下列3种形式：

1）用试验台警报装置指示检测车速。当汽车实际车速达到某一规定值（如40 km/h）时，警报装置的警报灯发亮或蜂鸣器发响，提示驾驶员已达到检测车速，注意观察驾驶室车速表指示值是否在合格范围内（如合格范围为38～48 km/h）。

2）将试验台指示仪表上某一合格范围涂成绿色（如车速表指示值为40 km/h时，绿色区域应为33.3～42.1 km/h）。试验时车速表指示值达到某一检测车速（如40 km/h）时，同时观察试验台速度指示仪表的指示值是否在合格的绿色区域（33.3～42.1 km/h）内。

3）同时具备上述两种装置的警报装置。

2. 车速表的检测方法

（1）检测前的准备

试验台的准备如下：

1）在滚筒静止状态检查试验台指示仪表是否在零点位置上。若有偏差，可用零点调整旋钮调整。

2）检查试验台滚筒上是否沾有油、水、泥等杂物。若有，要清除干净。

3）检查试验台举升器动作是否自如和有无漏气部位。若有阻滞或漏气部位，应予以修理。

4）检查试验台导线的接触情况。若有接触不良或断路，应予以修理或更换。对于经常使用的试验台，不一定每次使用前都要进行上述检查。

被测车辆的准备如下：

1）被测车辆的轮胎气压应符合汽车制造厂的规定。

2）被测车辆的轮胎沾有水、油等或轮胎花纹沟槽内嵌有小石子时，应清除干净。

（2）检测方法

1）接通试验台电源。

2）升起滚筒间的举升器。

3）将被测车输出车速信号的车轮尽可能与滚筒成垂直状态地停放在试验台上。

4）降下滚筒间的举升器，至轮胎与举升器托板脱离为止。

5）用挡块抵住位于试验台滚筒之外的一对车轮，防止汽车在测试时滑出试验台。

6）使用标准型试验台时应做如下操作：

①起动汽车，待汽车的驱动轮在滚筒上稳定后，挂入最高挡，踩下加速踏板使驱动轮平稳地加速运转。

②当汽车车速表的指示值达到规定检测车速 40 km/h 时，读出试验台速度指示仪表的指示值；或当试验台速度指示仪表的指示值达到检测车速时，读取车速表的指示值。

7）测试结束后，轻轻踩下汽车制动踏板，使滚筒停止转动。对于驱动型试验台，必须先关断电源再踩制动踏板。

8）升起举升器，去掉挡块，汽车驶离试验台。

9）切断试验台电源。

三、转向系检测

转向系是汽车底盘的主要组成部分之一，其技术状况变化对汽车操纵稳定性和高速行驶的安全性有直接影响。利用仪器设备对转向盘的自由行程和转向力等参数进行检测，可诊断出转向系技术状况的好坏。

1. 转向系性能参数要求

1）机动车在平坦、硬实、干燥和清洁的水泥或沥青道路上行驶，以 10 km/h 的速度在 5 s 之内沿螺旋线从直线行驶过渡到直径为 24 m 的圆周行驶，施加于转向盘外缘的最大切向力不应大于 245 N。

2）机动车转向盘的最大自由转动量不允许大于：最高设计车速不小于 100 km/h 的机动车 20°；三轮汽车 45°；其他机动车 30°。

2. 转向盘转向力的检测

汽车的转向轻便性可用一定行驶条件下作用在转向盘上的转向力（即作用在转向盘外缘的最大切向力）来表示。采用转向参数测量仪，可以测得转向力及对应转角。

3. 转向盘自由转动量的检测

转向盘自由转动量，是指汽车保持直线行驶位置不动时，左右晃动转向盘时的自由转动量（游动角度）。转向盘自由转动量是一个综合诊断参数，当其超过规定值时，说明从转向盘至转向轮的传动链中一处或几处的配合松旷。转向盘自由转动量过大时，将造成驾驶员工作紧张，并影响行车安全。转向参数测量仪或转向测力仪，一般都具有测量转向盘转角的功能，因此完全可以用来检测转向盘自由转动量。

4. 仪器的使用

（1）结构原理

该仪器由操作盘、主机、连结叉（图3-15）和定位杆（图3-16）4部分作组成，操作盘由螺钉固定在三爪底盘上，底盘经扭矩传感器同连接叉相连。上三只可伸缩的活动卡头，测试时与被测车辆的转向盘相连，主机固定在底板中央，主机里装有扭矩传感器、转角传感器和显示电路板。定位杆从仪器面板中心伸出，通过磁力座固定在被测车辆上。

图3-15 连结叉

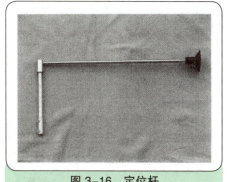
图3-16 定位杆

（2）使用方法

仪器安装：测量前应将转向参数测试仪可靠地安装在被测车辆的转向盘上。安装时松开连接叉3只伸缩爪上的紧固螺钉，松开连接卡环，将卡环扣在被测车辆的转向盘上并拧紧螺钉。调整3只伸缩的卡子，使仪器的回转中心与被测车辆转向盘的回转中心重合，旋紧伸缩爪上的紧固螺钉，反复转动仪器的操纵盘，确认仪器连接无松动现象。然后调整"定位杆"的长度，将皮碗湿润后吸在被测车辆仪表盘（或玻璃）上，再将另一端插入仪器中心的转角传感器轴上，并锁紧至此仪器安装完毕。仪器上电或按下复位键后，显示器仪器显示主菜单，按照菜单的提示按不同的键选择相应的功能。

通用的测试过程如下：

1）按确认键输入车牌号，包括1位简称和7位车牌号，然后按确认键返回主菜单。（车牌号不足7位时，请输入字母Z后的"j"作为空格）

2）按向下键进入检测。检测时先按清零键取零点，然后检测。检测完毕按确认键进入数据处理界面。

3）按向上键可以查看存储的检测结果，按确认键则进入数据处理程序。仪器可存储 200 组检测数据。

4）按右向键可删除存储的数据。

5）按左向键输入测量转向盘的直径。

如果不需要输入车牌号，也可以直接按相应按键进入检测。

四、汽车制动性检测

汽车制动性检测有台试检验和道路试验检验。根据 GB 7258-2012《机动车运行安全技术条件》的规定，当汽车经台架检验后对其制动性能有质疑时，可用道路试验检验，并以满载路试的检验结果为准。

台试检验的检测主要项目有制动力、制动力平衡要求、车轮阻滞力和制动协调时间；制动性能路试检验的主要检测项目有制动距离、充分发出的平均减速度、制动稳定性、制动协调时间和驻车制动坡度。

1. 台式检验制动性能

（1）台式检验制动性能的技术要求

GB 7258—2004《汽车运行安全技术条件》对台式检验制动性能的技术要求见表 3-3。

表 3-3　台式检验制动性能的技术要求

汽车类型	制动力总和与整车质量的百分比 /%		轴制动力与轴荷[①]的百分比 /%	
	空载	满载	前轴	后轴
三轮汽车	≥ 45	—	—	≥ 60[②]
乘用车、总质量不大于 3 500 kg 的货车	≥ 60	≥ 50	≥ 60[②]	≥ 20[②]
其他汽车、汽车列车	≥ 60	≥ 50	≥ 60[②]	—
摩托车	≥ 60	≥ 50	≥ 60	≥ 55
轻便摩托车	—	—	≥ 60	≥ 50

注：①表示用平板制动检验乘用车时应按动态轴荷计算。
　　②表示空载和满载状态下测试均应满足此要求

（2）行车制动性能检验要求

1）汽车、汽车列车、无轨电车和农用运输车在制动试验台上测出的制动力的要求进行推理。对空载检验制动力有质疑时，可按表 3-3 规定的满载检验制动力要求进行检验。

2）检验时制动踏板力或制动气压的要求：

①满载检验时,气压制动系统——气压表的指示气压≤额定工作气压;液压制动系统——踏板力,座位数小于或等于9的载客汽车≤500 N,其他车辆≤700 N。

②空载检验时,气压制动系统——气压表的指示气压≤600 kPa;液压制动系统——踏板力,座位数小于或等于9的载客汽车≤400 N,其他汽车≤450 N。

3)制动力平衡要求:在制动力增长全过程中,同时测得的左右轮制动力差的最大值与全过程中测得的该轴左右轮中制动力大者之比对前轴不得大于20%;对后轴在后轴制动力大于等于后轴轴荷的60%时不得大于24%;当后轴制动力小于后轴轴荷的60%时,在制动力增长的全过程中同时测得的左右轮制动力差的最大值不得大于后轴轴荷的8%。

4)协调时间要求:汽车和无轨电车的单车制动协调时间应不大于0.6s,汽车列车的协调时间应不大于0.8 s。

5)汽车和无轨电车车轮阻滞力要求:进行制动力检测时车辆各轮的阻滞力均不得大于该轴轴荷的5%。

(3)驻车制动性能检验要求

当采用制动试验台检验车辆(两轮、边三轮摩托车和轻便摩托车除外)驻车制动的制动力时,车辆空载,乘坐一名驾驶员,使用驻车制动装置,驻车制动力的总和应不小于该车在测试状态下整车质量的20%;对总质量为整备质量1.2倍以下的车辆此值为15%。

在空载状态下,驻车制动装置应能保证车辆在坡度为20%(总质量为整备质量1.2倍以下的车辆为15%)、轮胎与路面间的附着系数不小于0.7的坡道上正、反两个方向保持固定不动,其时间不少于5 min。

2. 制动试验台(图3-17)使用方法

1)将制动试验台指示与控制装置上的电源开关打开,按使用说明书的要求预热至规定时间。

2)如果指示装置为指针式仪表,检查指针是否在零位,否则应调零。

3)检查并清洁制动试验台滚筒上是否粘有泥、水、砂、石等杂物。

4)核实汽车各轴轴荷,不得超过制动试验台允许载荷。

5)检查并清除汽车轮胎是否粘有泥、水、砂、石等杂物。

6)检查汽车轮胎气压是否符合规定,否则应充气至规定气压。

7)升起制动试验台举升器。

8)汽车被测车轴在轴重机或轮重仪上检测完轴荷后,应尽可能沿垂直于滚筒的方向驶入制动试验台。先前轴,再后轴,使车轮处于两滚筒之间。

9)汽车停稳后变速杆置于空挡位置,行车制动器和驻车制动器处于完全放松状态,能测制动时间的试验台还应把脚踏开关套在制动踏板上。

10)降下举升器,至举升器平板与轮胎完全脱离为止。

11）如制动试验台带有内藏式轴重测量装置，则应在此时测量轴荷。

12）起动电动机，使滚筒带动车轮转动，先测出车轮阻滞力。

13）用力踩下制动踏板，检测轴制动力。一般在 1.5～3.0 s 后或第三滚筒（如带有）发出信号后，制动试验台滚筒自动停转。

14）读取并打印检测结果。

15）升起举升器，驶出已测车轴，驶入下一车轴，按上述同样方法检测轴荷和制动力。

16）当与驻车制动器相关的车轴在制动试验台上时，检测完行车制动性能后应重新起动电动机，在行车制动器完全放松的情况下，用力拉紧驻车制动器操纵杆，检测驻车制动性能。

17）所有车轴的行车制动性能及驻车制动性能检测完毕后，升起举升器，汽车驶出制动试验台。

18）切断制动试验台电源。

图 3-17　平板制动试验台

五、车轮侧滑检测

为保证汽车转向车轮无横向滑移地直线滚动，要求车轮外倾角与车轮前束有适当配合，否则，车轮就可能在直线行驶过程中产生侧滑现象。当侧滑现象严重时，将破坏车轮的附着条件，丧失定向行驶能力，并导致轮胎异常磨损。在车辆年度审检中，应用侧滑试验台（图 3-18）对车辆侧滑量进行检测。

1. 汽车侧滑量要求

GB 7258—2012《机动车运行安全技术条件》规定："汽车的车轮定位应符合该车的有关技术与条件。"对前轴采用非独立悬架的汽车，其转向轮横向滑移量应在正负 5 m/km 之间。规定侧滑方向为外正内负。

图 3-18 侧滑试验台

2. 侧滑台的使用

（1）准备工作

试验台的准备工作如下：

1）检查侧滑试验台导线连接情况，在导线连接良好的情况下打开电源开关，查看指针式仪表的指针是否在机械零点上，或查看数码管亮度是否正常并都在零位上，发现故障，及时清除。

2）检查侧滑试验台上面及其周围的清洁情况，如有油污、泥土、砂石及水等应予清除。

3）打开侧滑试验台的锁止装置，检查滑动板能否在外力作用下左右滑动自如，外力消失后回到原始位置，且指示装置指在零点。

4）检查报警装置在规定值时能否发出报警信号，并视需要进行调整或修理。

被检汽车的准备工作如下：

1）轮胎气压应符合汽车制造厂的规定。

2）轮胎上粘有油污、泥土、水或花纹沟槽内嵌有石子时，应清理干净。

3）轮胎花纹深度必须符合 GB 7258—2012《机动车运行安全技术条件》的规定。

（2）检测方法

1）拔掉滑动板的锁止销钉，接通电源。

2）汽车以 3～5 km/h 的速度垂直侧滑板驶向侧滑试验台，使前轮平稳通过滑动板。

3）当前轮完全通过滑动板后，从指示装置上观察侧滑方向并读取、打印最大侧滑量。

4）检测结束后，切断电源并锁止滑动板。

（3）使用注意事项

1）不能让超过试验台允许轴荷的车辆通过侧滑试验台。

2）车辆不能在侧滑试验台上转向或制动。
3）保持侧滑试验台内、外及周围环境清洁。
4）非检测车辆不能在试验台上停留。

六、四轮定位检测

四轮定位仪检测的项目包括前轮前束值/角（前轮前束角/前张角）、前轮外倾角、主销后倾角、主销内倾角、后轮前束值/角（后轮前束角/前张角）、后轮外倾角、轮距、轴距、左右轴距差、转向20°时的前张角、推力角等。

1. 四轮定位仪的结构与功能

四轮定位仪由主机（图3-19）、前后轮检测传感器（图3-20）、传感器支架、转向盘、制动锁和转向盘锁，以及导线等零件组成。

图3-19 主机柜

图3-20 前后轮检测传感器

2. 仪器的安装

1）将电子转盘按其标记"L"和"R"分别放置在四柱举升机器左右支撑板凹槽内。
2）将被测车辆停放在举升机上，并将前轮停放在转盘上（车轮与转盘对正）。
3）将仪器的4个夹具分别安装在前后轮上，同时将测试头装在夹具上。
4）测试仪连线：分别将每侧前后车轮上的测试头连线，接口的"0"口分别连到控制柜相应接口上，电子转盘分别与对应车轮测试头连接。
5）分别调整4个测试头水平。
6）连接控制柜电源线。

3. 测试

1) 接通电源,启动计算机。
2) 被测车辆数据输入:可得到被测车辆的标准数据(用以与检测数据对照,便于调整)。
3) 轮胎压力(按所设车辆的标准压力)。
4) 轮辋跳动补偿操作:分别将前、后轮利用二次举升机举起,车轮每次转动90°,按补偿输入键(测试头中间键),转动4次完成跳动补偿(此程序不做会导致测量数值有0.1°~0.5°误差)。
5) 使用抵压板将制动压板压下,并固定。
6) 拔下电子转盘固定销。
7) 按显示屏幕上所提示的项目操作:分别将转向盘转至"车轮正直方向"、"右侧至极限位置"、"右侧测量位置"、"左侧测量位置"、"左侧极限位置";每次须出现"绿柱"并待消失后再进行下一程序。
8) 测试完毕,显示出测试数据与标准数据。

七、前照灯技术状况检测

前照灯是汽车在夜间或在能见度较低的条件下,为驾驶员提供行车道路照明的重要设备,而且也是驾驶员发出警示,进行联络的灯光信号装置。所以前照灯必须有足够的发光强度和正确的照射方向。由于在行车过程中汽车受到振动,可能引起前照灯部件的安装位置发生变动,从而改变光束的正确照射方向,同时灯泡在使用过程中会逐步老化,反射镜也会受到污染而使其聚光的性能变差,导致前照灯的亮度不足。

1. 汽车前照灯技术要求

(1) 前照灯远光光束发光强度最小值要求

前照灯远光光束发光强度最小值要求见表3-4。

表3-4 前照灯远光光束发光强度最小值要求

汽车类型	发光强度最小值/cd					
	新注册车			在用车		
	一灯制	二灯制	四灯制[①]	一灯制	二灯制	四灯制[①]
三轮汽车	8 000	6 000	—	6 000	5 000	—
最高设计车速小于70 km/h的汽车	—	10 000	8 000	—	8 000	6 000
其他汽车	—	18 000	15 000	—	15 000	12 000
摩托车	10 000	8000	—	8 000	6 000	—

续表

汽车类型		发光强度最小值/cd					
		新注册车			在用车		
		一灯制	二灯制	四灯制[①]	一灯制	二灯制	四灯制[①]
轻便摩托车		4 000	—	—	3 000	—	—
拖拉机运输机组	标定功率 > 18 kW	—	8 000	—	—	6 000	—
	标定功率 ≤ 18 kW	6 000[②]	6 000	—	5 000[②]	5 000	—

注：①指前照灯就有4个远光光束。采用四灯制的汽车其中两只对称的灯达到两灯制的要求时视为合格。
②指允许手扶拖拉机运输机组只装用一只前照灯

（2）前照灯光束照射位置要求

1）前照灯近光光束。前照灯照射在距离 10 m 的屏幕上，乘用车前照灯近光光束明暗截止线转角或中点的高度应为 $0.7 \sim 0.9 H$（H 为前照灯基准中心高度，下同），其他汽车（拖拉机运输机组除外）应为 $0.6 \sim 0.8 H$。汽车（装用一只前照灯的汽车除外）前照灯近光光束水平方向位置向左偏不允许超过 170 mm，向右偏不允许超过 350 mm。

2）前照灯远光光束。前照灯照射在距离 10 m 的屏幕上，要求在屏幕中心离地高度对乘用车为 $0.9 \sim 1.0 H$，对其他汽车为 $0.8 \sim 0.95 H$；汽车（装用一只前照灯的汽车除外）前照灯远光光束的水平位置要求，左灯向左偏不允许超过 170 mm，向右偏不允许超过 350 mm；右灯向左或向右偏均不允许超过 350 mm。

2. 汽车前照灯的检测

目前各汽车检测机构和维修企业通常使用前照灯检测仪（图 3-21）检测法。

图 3-21 投影式前照灯检测仪

（1）检验前的准备工作

1）在不受光的情况下，调整前照灯检验仪光度计和光轴偏斜指示计指针的机械零点。
2）检查聚光透镜和反射镜的镜面上有无污物。若有，用柔软的布或镜头纸擦拭干净。
3）检查水准器的技术状况。若水准器无气泡，应进行维修；若气泡不在红线框内，可用水准器调节器或垫片进行调整。
4）检查导轨是否沾有泥土等杂物。若有，应扫除干净。

（2）被测车的准备

1）清除前照灯上的污垢。
2）轮胎气压应符合汽车制造厂的规定。
3）汽车蓄电池应处于充足电状态。

（3）检测方法

1）将被测车尽可能地与检验仪的导轨保持垂直方向驶近检验仪，直至前照灯与检验仪受光器之间达到检验所要求的距离。
2）用汽车摆正找准器使检验仪与被检车对正。
3）开亮前照灯，用前照灯照准器使检验仪与被检车前照灯对正。
4）将"光度·光轴"转换开关扭向光轴一边。然后转动上下和左右光轴刻度盘，使光轴偏斜指示计的指示值为零。此时，两光轴刻度盘上指示值即为光轴偏斜量。
5）保持光轴刻度盘位置不动，将"光度·光轴"转换开关扭到光度一边，此时光度计的指示值即为前照灯的发光强度。

八、汽车排气污染检测

1. 汽车排气污染物的主要成分

汽车排气污染物的主要成分是一氧化碳（CO）、碳氢化合物（HC）、氮氧化合物（NO_x）、硫化物（主要是SO_2）、颗粒物（炭烟）以及其他有害物质。汽车排气污染中，CO、HC、NO_x和颗粒物主要来源于汽车尾气，少部分来自曲轴箱窜气，其中部分HC还来自油箱及整个供油系统的蒸发与滴漏。

在相同工况下，汽油机的CO、HC和NO_x的排放量比柴油机大。所以，目前的排放控制法规对汽油机主要控制排气中CO、HC和NO_x的排放量做了规定。柴油机对空气的污染比汽油机的小，排放的污染物主要是颗粒物（炭烟）。所以，排放控制法规对柴油机主要控制排气中颗粒物和NO_x的含量做了规定。

2. 汽车排气污染物的检测标准

为了控制汽车排气污染物对生态环境的危害，世界各国政府相继制定了汽车排气污染物的限值标准。我国也制定了国家标准，如 GB 14761—2001《汽车排气污染物限值及测试方法》、GB 18285—2000《在用汽车排气污染物限值及测试方法》、GB 18352.1—2001《轻型汽车污染物排放限值及测试方法（Ⅰ）》（相当于欧洲Ⅰ号标准）、GB 18352.2—2001《轻型汽车污染物排放限值及测试方法（Ⅱ）》（相当于欧洲Ⅱ号标准）、GB 18352.3—2005《轻型汽车污染物排放限值及测量方法（中国Ⅲ，Ⅳ阶段）》、GB 18352.5—2015《轻型汽车污染物排放限值及测量方法》（中国第五阶段）和 GB 17691—2001《车用压燃式发动机排气污染物排放限值及测试方法》。

由于我国汽车排放污染物检测标准是以欧洲汽车排放标准为蓝本而制订的，并逐渐向其靠拢，因此以下列出了汽油车、柴油车的欧洲标准。

（1）欧洲联盟轻型汽车的排放限值

轻型汽油车的排放限值见表 3-5；轻型柴油车的排放限值见表 3-6。

表 3-5　轻型汽油车的排放限值

标准	生效日期	排放限值/(g/kW)		标准	生效日期	排放限值/(g/kW)		
		CO	HC+NO_x			CO	HC	NO_x
欧洲Ⅰ	1992	2.72	0.97	欧洲Ⅲ	2000	2.3	0.2	0.15
欧洲Ⅱ	1995.10	2.20	0.50	欧洲Ⅳ	2005	1.0	0.1	0.08

表 3-6　轻型柴油车的排放限值

标准	生效日期	排放限值/(g/kW)		微粒	标准	生效日期	排放限值/(g/kW)			微粒
		CO	HC+NO_x				CO	HC	NO_x	
欧洲Ⅰ	1992	2.72	0.97	0.14	欧洲Ⅲ	2000	0.64	0.56	0.50	0.050
欧洲Ⅱ[①]	1995.10	2.20	0.50	0.08	欧洲Ⅳ	2005	0.50	0.30	0.25	0.025
欧洲Ⅱ[②]		1.00	0.90	0.10						

注：①间接喷射式。
　　②直接喷射式。

（2）欧洲联盟重型车用柴油机排放限值

欧洲联盟重型车用柴油机排放限值表 3-7。

表 3-7 重型柴油车的排放限值

标准		欧洲 I	欧洲 II	欧洲 III	欧洲 III
测试循环		ECE R49	ECE R49	ESC	ETC
生效日期		1992	1996	2000	2000
排放限值 /（g/kW）	CO	4.50	4.00	2.10	5.45
	HC	1.10	1.10	0.66	—
	MMHC	—	—	—	0.78
	CH_4	—	—	—	1.60
	NO_x	8.0	7.0	5.0	5.00
	微粒	0.61	0.15	0.10	0.16
		0.36[①]	0.25[②]	0.13[②]	0.21[②]
动态烟度 /m^{-1}		—	—	0.8	—

注：① 使用额定功率不大于 85 kW 的柴油机。
　　② 适用于单缸排量小于 0.7 L，额定转速大于 3 000 r/min 的柴油机

测定汽油车排气污染物有非分散型红外线分析仪、氢火焰离子型分析仪和化学发光分析仪等仪器；测定柴油车排气污染物的仪器有滤纸式烟度计和消光式烟度计等。检测站一般多采用非分散型红外线分析仪和滤纸式烟度计来测量汽车排气污染物的排放状况。

汽油车的排气测定方法分多工况法、等速工况法和怠速法。检测站主要以单怠速法测量汽油车的排气污染物。

3. 用非分散型红外线分析仪（图 3-22）检查汽油车尾气

图 3-22 非分散型红外线分析仪

（1）仪器准备

1）按仪器使用说明书的要求做好各项检查工作。

2）接通电源，对气体分析仪预热 30 min 以上。

3）仪器校准。用标准气样校准，先让气体分析仪吸入清洁空气，用零点调整旋钮把仪表指针调整到零点；然后把标准气样从标准气样注入口注入，再用标准调整旋钮把仪表指针调到标准指示值。注意：在灌注标准气样时，要关掉气体分析仪上的泵开关。

CO 校准的标准值就是标准气样瓶上标明的 CO 浓度值；HC 校准的标准值，由于是用丙烷作为标准气样，因此要按下式求出正己烷的换算值作为校准的标准值。

校准的标准值（即正己烷换算值）＝标准气样（丙烷）浓度 × 换算系数

式中，标准气样（丙烷）浓度即标准气样瓶上标明的浓度值；换算系数是气体分析仪的给出值，一般为 0.472 ～ 0.578。

简易校准。先接通简易校准开关，对于有校准位置刻度线的仪器，可用标准调整旋钮把仪表指针调整到正对标准刻度线位置。对于没有标准刻度线的仪器，要在标准气样校准后立即进行简易校准，使仪表指针与标准气样校准后的指示值重合。

4）把取样探头和取样导管安装到气体分析仪上，此时如果仪表指针超过零点，则表明导管内壁吸附有较多的 HC，需要用压缩空气或布条等清洁取样探头和导管。

（2）受检车辆或发动机准备

1）进气系统应装有空气滤清器，排气系统应装有排气消声器，并不得有泄漏。

2）汽油应符合国家标准 GB17930—2006（专用汽油）的规定。

3）测量时发动机冷却水和润滑油温度应达到汽车使用说明书所规定的热状态。

4）自 1995 年 7 月 1 日起新生产汽油发动机应具有怠速螺钉限制装置。点火提前角在其可调整范围内都应达到排放标准要求。

（3）怠速测量程序

1）必要时在发动机上安装转速计、点火定时仪、冷却水和润滑油测温计等测试仪器。

2）发动机由怠速工况加速至 0.7 额定转速，维持 60 s 后降至怠速状态。

3）发动机降至怠速状态后，将取样探头插入排气管中，深度等于 400 mm，并固定于排气管上。

4）先把指示仪表的读数转换开关打到最高量程挡位，再一边观看指示仪表，一边用读数转换开关选择适于排气含量的量程挡位。发动机在怠速状态维持 15 s 后开始读数，读取 30 s 内的最高值和最低值，其平均值即为测量结果。

5）若为多排气管时，取各排气管测量结果的算术平均值。

6）测量工作结束后，把取样探头从排气管里抽出来，让它吸入新鲜空气 5 min，待仪器指针回到零点后再关闭电源。

（4）双怠速测量程序

1）必要时在发动机上安装转速计、点火定时仪、冷却水和润滑油测温计等测试仪器。

2）发动机由怠速工况加速至 0.7 额定转速，维持 60 s 后降至高怠速（即 0.5 额定转速）。

3）发动机降至高怠速状态后，将取样探头插入排气管中，深度等于 400 mm，并固定于排气管上。

4）先把指示仪表的读数转换开关打到最高量程挡位，再一边观看指示仪表，一边用读数转换开关选择适于排气含量的量程挡位。发动机在高怠速状态维持 15 s 后开始读数，读取 30 s 内的最高值和最低值，取平均值即为高怠速排放测量结果。

5）发动机从高怠速状态降至怠速状态，在怠速状态维持 15 s 后开始读数，读取 30 s 内的最高值和最低值，其平均值即为怠速排放测量结果。

6）若为多排气管时，分别取各排气管高怠速排放测量结果的算术平均值和怠速排放测量结果的算术平均值。

7）测量工作结束后，把取样探头从排气管里抽出来，让它吸入新鲜空气 5 min，待仪器指针回到零点后再关闭电源。

4. 用烟度计检查柴油车尾气

（1）滤纸式烟度计的结构与工作原理

滤纸式烟度计（图 3-23）是应用较广泛的烟度计之一，有手动、半自动和全自动 3 种形式。其结构都是由废气取样装置、染黑度检测与指示装置和控制装置等组成。

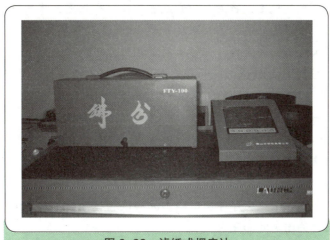

图 3-23　滤纸式烟度计

（2）柴油车自由加速烟度的检测方法

按照国家标准 GB/T 3846—1993《柴油车自由加速烟度的测量　滤纸烟度法》的规定，柴油车自由加速烟度的检测应在自由加速工况下，采用滤纸式烟度计，按测量规程进行。

自由加速工况是指：柴油发动机于怠速工况（发动机运转；离合器处于接合位置；节气门

踏板与手油门处于松开位置；变速器处于空挡位置；具有排气制动装置的发动机，蝶形阀处于全开位置），将节气门踏板迅速踏到底，维持4s后松开。

仪器准备工作如下：

1）通电前，检查指示仪表指针是否在机械零点上，否则用零点调整螺钉使指针与"10"的刻度重合。

2）接通电源，仪器进行预热。打开测量开关，在检测装置上垫10张全白滤纸，调节粗调及微调电位器，使表头指针与"0"刻度重合。

3）在10张全白滤纸上放上标准烟样，并对准检测装置，仪表指针应指在标准烟样的染黑度数值上，否则应进行调节。

4）检查取样装置和控制装置中各部机件的工作情况，特别要检查脚踏开关与活塞抽气泵动作是否同步。

5）检查控制用压缩空气和清洗用压缩空气的压力是否符合要求。

6）检查滤纸进给机构的工作情况是否正常。检查滤纸是否合格，应洁白无污。

受检车辆准备工作如下：

1）进气系统应装有空气滤清器，排气系统应装有消声器并且不得有泄漏。

2）柴油应符合 GB 10327—2011《发动机检测用标准轻柴油技术条件》的规定，不得使用燃油添加剂。

3）测量时发动机的冷却水和润滑油温度应达到汽车使用说明书所规定的热状态。

4）自1975年7月1日起新生产柴油车用的柴油机，应保证起动加浓装置在非起动工况不再起作用。

测量程序如下：

1）用压力为0.3~0.4 MPa的压缩空气清洗取样管路。

2）把抽气泵置于待抽气位置，将洁白的滤纸置于待取样位置，将滤纸夹紧。

3）将取样探头固定于排气管内，插入深度等于300 mm，并使其轴线与排气管轴线平行。

4）将脚踏开关引入汽车驾驶室内，但暂不固定在节气门踏板上。

5）吹除积存物，按照自由加速工况的规定加速3次，以清除排气系统中的积存物。然后，把脚踏开关固定在节气门踏板上，进行实测。

6）测量取样，按照自由加速工况的规定，将节气门踏板与脚踏开关一并迅速踩到底，至4s时立刻松开，维持怠速运转，循环测量4次，取后3个循环烟度读数的算术平均值作为所测烟度值。

7）当汽车发动机出现黑烟冒出排气管的时间与抽气泵开始抽气的时间不同步现象时，应取最大烟度值作为所测烟度值。

8）在被染黑的滤纸上记下试验序号、试验工况和试验日期等，以便保存。

9）检测结束，及时关闭电源和气源。

九、汽车噪声污染检测

GB 18565—2001《营运车辆综合性能要求和检验方法》从"汽车定置噪声"、"客车车内噪声"、"汽车驾驶员耳旁噪声"和"喇叭声级"4个方面对汽车的噪声进行控制，并规定了噪声限值和测量的方法。

1. 汽车定置噪声的限值及测量方法

（1）汽车定置噪声的限值

GB 18565—2001《营运车辆综合性能要求和检验方法》根据车辆类型和燃料种类，分别对轿车、客车、货车以及燃烧汽油或柴油的车辆制定了相应的定置噪声的限值，见表3-8。

表3-8　汽车定置噪声限值（dB）

车辆类型	燃料种类		车辆车厂日期	
			1998年1月1日以前	1998年1月1日以后
轿车	汽油		87	85
微型客车、货车	汽油		90	88
轻型客车、货车、越野车	汽油	发动机额定转速≤4 300 r/min	94	92
		发动机额定转速＞4 300 r/min	97	95
	柴油		100	98
中型客车、货车、大型客车	汽油		97	95
	柴油		103	95
重型货车	汽车发动机额定功率≤147 kW		101	99
	汽车发动机额定功率＞147 kW		105	103

（2）汽车定置噪声的测量方法

定置是指车辆不行驶，发动机处于空载运转状态。

测量用的场地应为开阔的，由混凝土、沥青等坚硬材料所构成的平坦地面，较大障碍物距离传声器不得小于3 m，测量时，传声器位置处的背景噪声（包括风的影响）应比被测噪声低10 dB（A）以上。测量时的风速不大于5 m/s。测量使用声级计（图3-24）的A计权，快挡。

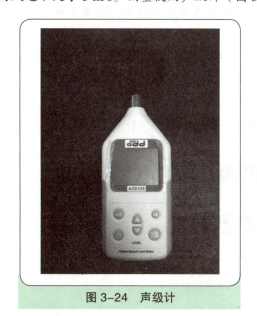

图3-24　声级计

测量程序如下：

1）车辆位于测量场地的中央，变速器挂空挡，拉紧驻车制动器，离合器接合。关上发动机机罩，关闭车辆的空调及其他辅助装置。发动机水温、油温应符合生产厂家的规定。

2）每次试验的每个测点重复进行试验，直到连续出现3个读数的变化范围在2 dB（A）之内为止，并取其算术平均值作为测量结果。

3）排气噪声的测量场地和传声器的放置位置规定。传声器与排气口端等高，在任何情况下距地面不得小于0.2 m。传声器朝向排气口，距排气口端0.5 m，放在车辆外侧。车辆装有两个或更多的排气管，排气管之间的间隔不大于0.3 m，并联接于一个消声器时，只需取一个测量位置，选择最靠近车辆外侧的那个排气管；排气管的间隔大于0.3 m时，对每一个排气管都要测量，并记录其最高声级。

测量时，首先使发动机稳定在3/4额定转速±50 r/min，然后记录下由稳定转速尽快减速到怠速过程的噪声最高声级。

记录所测得的数据，并进行计算得出结果。

2. 客车车内噪声的限值及测量方法

（1）客车车内噪声的限值

一般客车车内噪声声级应不大于82 dB（A），中级以上营运客车车内噪声声级应不大于79 dB（A）。

（2）客车车内噪声的测量方法

1）车内噪声测量条件：测量跑道应有足够试验需要的长度，应是平直、干燥的沥青或混凝土路面。测量时风速应不大于3m/s，车辆门窗关闭。车内其他辅助设备是噪声源，测量时是否开动，应按正常使用情况而定。车内本底噪声比所测车内噪声至少低10 dB（A），并保证测量不被偶然的其他声源所干扰。

2）车内噪声测点位置：车内噪声测量通常在人耳附近布置测点，传声器朝车辆前进方向。驾驶室车内噪声测点位置，如图3-25所示。

3）测量方法：车辆以常用挡位50 km/h以上不同车速匀速行驶，分别进行测量。用声级计"慢"挡测量A、C计权声级，分别读取表头指针最大读数的平均值，并记录测量结果。

3. 汽车驾驶员耳旁噪声的限值及测量方法

（1）汽车驾驶员耳旁噪声的限值

汽车驾驶员耳旁噪声声级应不大于86 dB（A）。

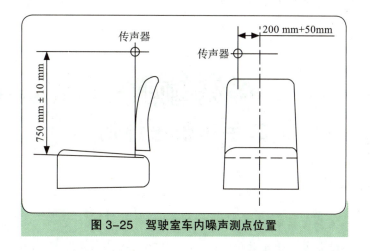

图 3-25　驾驶室车内噪声测点位置

（2）汽车驾驶员耳旁噪声的测量方法

车辆应处于静止状态且变速器置于空挡，发动机应在额定转速状态下运转。车辆门窗应紧闭，声级计应置于"A"计权、"快"挡。

4. 喇叭声级

汽车喇叭声级在距车前 2 m、离地高 1.2 m 处，用声级计测量时，其值应为 90～115 dB(A)。

课题四
二手车价值评估

【知识目标】

1. 学会计算二手车的成新率；
2. 能用重置成本法估算二手车的价值；
3. 能用现行市价法估算二手车的价值；
4. 能用收益现值法估算二手车的价值；
5. 能用清算价格法估算二手车的价值；
6. 能灵活选用各个评估方法。

【技能目标】

能灵活运用不同评估方法计算车辆价格。

任务一 二手车成新率的计算

成新率是反映二手车新旧程度的指标。二手车成新率是表示二手车的功能或使用价值占全新机动车的功能或使用价值的比率,也可以理解为二手车的现时状态与机动车全新状态的比率。它与有形损耗一起反映了同一车辆的两方面。车辆的有形损耗也称为车辆的实体性贬值,它是由使用磨损和自然损耗形成的。成新率和有形损耗率的关系如下:

成新率 =1– 有形损耗率

成新率是重置成本法的一项重要指标,如何科学、准确地确定该项指标是二手车评估中的重点和难点。在二手车的鉴定估价中,成新率的估算方法有很多种,实际评估时,根据被评估车辆的客观情况灵活选用不同的成新率。

以下介绍几种成新率的计算方法。

一、使用年限法

1. 等速折旧法

根据二手车折旧方法不同,使用年限法估算二手车成新率使用等速折旧法:

$$C_n = \left(1 - \frac{Y}{G}\right) \times 100\% \qquad (4-1)$$

式中:C_n——使用年限成新率;
  G——规定使用年限;
  Y——已使用年限。

2. 规定使用年限与已使用年限

(1)规定使用年限

按照国家有关规定,9座(含9座)以下非营运载客汽车(包括轿车和越野车)使用年限为15年;旅游载客汽车和9座以上非营运载客汽车使用年限为10年;营运客车的使用年限为10年;微型载货车、带拖挂的载货汽车、矿山作业专用车及各类出租汽车使用年限为8年,其他车辆使用年限为10年;对于大中型拖拉机,其使用年限不超过15年;营运车辆转为非营运车辆和非营运车辆转为营运车辆一律按营运车辆的规定年限报废。右置转向盘汽车报废的管理，按照公安部《关于加强右置转向盘汽车管理的通知》（公交管〔2004〕183号）执行；对于其他机动车辆，国内尚无可供评估使用的规定使用年限，其规定使用年限的确定需要评估人员自行解决，解决的办法是参照《汽车报废标准》和该类产品的会计折旧年限。

（2）已使用年限

已使用年限是代表汽车运行量和工作量的一种计量方法，这种计量方法是以汽车正常使用为前提的，包括正常的使用时间和使用强度。对于汽车商品来说，它的经济使用寿命指标有规定使用年限，同时也以行驶里程数作为运行量的计量单位。从理论上讲，综合考虑已使用年限和行驶里程数要符合实际一些，即汽车的已使用年限应采用折算年限：

$$T_{折} = L_{总} / L_{年均} \tag{4-2}$$

式中：$T_{折}$——折算年限，年；

$L_{总}$——累计行驶里程，km；

$L_{年均}$——年平均行驶里程，km/年。

这种使用年限表示方法既反映了汽车的使用情况（即管理水平、使用水平、维护保养水平）和使用强度，又包括了运行条件和某些停驶时间较长汽车的自然损耗。在汽车评估实务中，通常在使用等速折旧时，将已使用年限和规定使用年限换算成月数；在使用加速折旧时，将已使用年限和规定使用年限按年数计算，不足一年部分按12分之几折算。例如，3年9个月，前3年按年计算，后9个月按第4年折旧的9/12计算。汽车评估实务中通常不计算不足1个月的天数折旧。最近几年我国各类汽车年平均行驶里程表4-1。

表4-1 我国各类汽车年平均行驶里程

汽车类别	年平均行驶里程/万km
微型、轻型货车	3~5
中型、重型货车	6~10
私家车	1~3
行政、商务用车	3~6
出租车	10~15
租赁车	5~8
旅游车	6~10
中、低档长途客运车	8~12
高档长途客运车	15~25

汽车按年限折旧只能采取加速折旧的方法，不能采取等速折旧的方法。二手车的市场价格也呈加速折旧的态势。通常，25万元以上的汽车采用年份数求和法较好，25万元以下的汽车采用双倍余额递减法较好。

3. 计算实例

例4-1：某家庭用普通型桑塔纳轿车，初次登记年月是2001年2月，评估基准时是2006年2月，请用等速折旧法计算成新率。

解　该车已使用年限为5年，由于是私家车，其规定使用年限为15年，则成新率为

$$C_n = \left(1 - \frac{Y}{G}\right) \times 100\% = \left(1 - \frac{5}{15}\right) \times 100\% = 66.7\%$$

二、行驶里程法

1. 计算方法

行驶里程法是通过确定被评估二手车的尚可行驶里程与规定行驶里程的比值来确定二手车成新率的一种方法。其计算公式如下

$$C_s = \frac{S_g - S}{S_g} \times 100\% = \left(1 - \frac{S}{S_g}\right) \times 100\% \qquad (4-3)$$

式中：　C_s——行驶里程成新率；

　　　　S——二手车实际累计行驶里程，km；

　　　　S_g——车辆规定的行驶里程，km。

累计行驶里程与规定行驶里程的概念如下：

（1）累计行驶里程

二手车累计行驶里程是指被评估二手车从开始使用到评估基准时点所行驶的总里程。

（2）规定行驶里程

车辆规定行驶里程是指《汽车报废标准》中规定的该车型的行驶里程。行驶里程较使用年限更真实地反映了二手车使用强度及使用过程中实际的物理损耗。它反映了二手车使用强度对其成新率的影响。总的行驶里程越大，车辆的实际有形损耗也越大。

2. 行驶里程法的前提条件

行驶里程法计算成新率的前提条件是车辆里程表的记录必须是原始的，不能是被人为更改过的。

由于里程表容易被人为更改，因此，在实际应用中，较少直接采用此方法进行评估。

三、整车观测法

整车观测法是指评估人员采用人工观察的方法，辅助简单的仪器检测，判定被评估二手车的技术等级以确定成新率的一种方法。整车观测法观察和检测的技术指标主要包括二手车的现时技术状态、使用时间及行驶里程、主要故障经历及大修情况、整车外观和完整性等。二手车成新率评估参考表见表4-2。

表4-2 二手车成新率评估参考表

车况等级	新旧情况	有形损耗率/%	技术状况参考说明	成新率/%
1	使用不久的车辆	0~10	使用不久。行驶里程在3~5万km。在用状态良好，能按设计要求正常使用，无异常现象	90~100
2	较新车辆	11~35	已使用1年以上。行驶里程在15万km左右。在用状态良好，能满足设计要求，未出现过较大故障，可随时出车使用	65~89
3	半新车辆	36~60	已使用4~5年。发动机或整车经过一次大修。在用状态较好，基本上能达到设计要求，外观中度受损，需经常维修以保证正常使用	40~64
4	旧车辆	61~85	已使用5~8年。发动机或整车经过两次大修。在用状态一般，性能明显下降，外观油漆脱落，金属件明显锈蚀，使用中故障较多，经维修后仍能满足工况要求，车辆符合《机动车安全技术条件》	15~39
5	待报废处理车辆	86~100	基本达到或达到使用年限，通过《机动车安全技术条件》检查，能使用但不能正常使用，动力性、经济性、可靠性下降，燃料费、维修费、大修费用增长速度快，车辆收益与支出基本持平，排放污染和噪声污染达到极限	15以下

表4-2中所示数据是判定二手车成新率的经验数据，只能供评估人员参考，不能作为唯一标准。由于该法对二手车技术状况的评判是采用人工观察方法进行的，因此成新率的估值是否客观、公正取决于评估人员的专业水准和评估经验。整车观测法简单易行，但其判断结果没有部件鉴定法准确，一般用于初步估算中、低档二手车的价格，或作为综合分析法的辅助手段，用来确定车辆的技术状况调整系数。

四、综合分析法

1. 估算方法

综合分析法是以使用年限法为基础，综合考虑二手车的实际技术状况、维护保养情况、原车制造质量、二手车用途及使用条件等多种因素对二手车价值的影响，以调整系数形式确定成新率的一种方法。其计算公式为

$$C_z = C_n \times K \times 100\% \qquad (4-4)$$

式中：C_z——综合成新率；
C_n——使用年限成新率；
K——综合调整系数。

2. 综合调整系数

影响二手车成新率的主要因素有二手车技术状况、二手车维护保养、二手车原始制造质量、二手车用途和二手车使用条件5个方面，可采用表4-3推荐的综合调整系数，用加权平均的方法进行调整。

根据被评估二手车是否需要进行项目修理或换件维修，综合调整系数有两种确定方法：

1) 二手车无需进行项目修理或换件时，可直接采用表4-3所推荐的调整系数。

2) 二手车需要进行项目修理或换件，或需要进行大修时，可采用"一揽子"评估方法，合调整系数的影响因素见表4-3。所谓"一揽子"评估方法，就是综合考虑修理后对二手车成新率估算值的影响，直接确定一个合理的综合调整系数而进行价值评估的一种方法。

表4-3 二手车成新率综合调整系数参考表

序号	影响因素	因素分级	调整系数	权重/%
1	技术状况	好	1.0	30
		较好	0.9	
		一般	0.8	
		较差	0.7	
		差	0.6	
2	维护保养	好	1.0	25
		较好	0.9	
		一般	0.8	
		差	0.7	
3	制造质量	进口车	1.0	20
		国产名牌车（走私罚没车）	0.9	
		国产非名牌车	0.8	
4	车辆用途	私用	1.0	15
		公务、商务	0.9	
		营运	0.7	
5	使用条件	好	1.0	10
		一般	0.9	
		差	0.8	

综合调整系数计算公式为

$$K = K_1 \times 30\% + K_2 \times 25\% + K_3 \times 20\% + K_4 \times 15\% + K_5 \times 10\% \qquad (4-5)$$

式中　K——综合调整系数；

　　　K_1——二手车技术状况调整系数；

　　　K_2——二手车维护保养调整系数；

　　　K_3——二手车原始制造质量调整系数；

　　　K_4——二手车用途调整系数；

　　　K_5——二手车使用条件调整系数。

表4-3中的因素分级和调整系数只是一个参考，实际确定综合调整系数时，应根据具体情况做适当的调整，但各因素的调整系数取值不要超过1，综合调整系数计算结果也不能超过1。

3. 调整系数的选取

（1）二手车技术状况调整系数 K_1

二手车技术状况调整系数是在对车辆技术状况鉴定的基础上对车辆进行的分级，然后取调整系数来修正车辆的成新率。技术状况调整系数取值范围为0.6～1.0，技术状况好的取上限，反之取下限。

（2）二手车维护保养调整系数 K_2

维护保养调整系数反映了使用者对车辆使用、维护和保养的水平，不同的使用者，对车辆使用、维护和保养的实际执行情况差别较大，因而直接影响到车辆的使用寿命和成新率。维护保养调整系数取值范围为0.7～1.0，维护保养好的取上限，反之取下限。

（3）二手车原始制造质量调整系数 K_3

确定该系数时，应了解被评估的二手车是国产车还是进口车以及进口国别，是国产车应了解是名牌产品还是一般产品。一般来说，国家正规手续进口的车辆质量优于国产车辆，名牌产品优于一般产品，但又有较多例外，故在确定此系数时应较慎重。对依法没收领取牌证的走私车辆，其原始制造质量系数建议视同国产名牌产品考虑。原始制造质量系数取值范围为0.8～1.0。

（4）二手车用途调整系数 K_4

二手车用途（或使用性质）不同，其繁忙程度不同，使用强度亦不相同。一般车辆用途可分为私人工作和生活用车，机关企事业单位的公务和商务用车，从事旅客、货运、城市出租的营运用车。以普通小轿车为例，一般来说，私人工作和生活用车每年最多行驶3万km；公务、商务用车每年不超过6万km；而营运出租车每年行驶有些高达15万km。可见二手车用途不同，其使用强度差异很大。二手车用途调整系数取值范围为0.7～1.0，使用强度小的取上限，反之取下限。

（5）二手车使用条件调整系数 K_5

我国地域辽阔，各地自然条件差别很大，车辆的使用条件对其成新率影响很大。使用条件可分为道路使用条件和特殊环境使用条件。

1）道路使用条件：道路使用条件可分为好路、中等路和差路三类。

好路：国家道路等级中的高速公路，一、二、三级道路，好路率在50%以上。

中等路：符合国家道路等级四级道路，好路率为30%～50%；

差路：国家等级以外的路，好路率在30%以下。

2）特殊环境使用条件：特殊环境使用条件主要指特殊自然条件，包括寒冷、沿海、风沙和山区等地区。

车辆使用条件调整系数取值范围为0.8～1.0。取值时应根据二手车实际使用条件适当取值。如果二手车长期在道路条件为好路和中等路行驶时，分别取1和0.9；如果二手车长期在差路或特殊环境使用条件下工作，其系数取0.8。

4. 特点及适用范围

综合分析法较为详细地考虑了影响二手车价值的各种因素，并用一个综合调整系数指标来调整二手车成新率，评估值准确度较高，因而适用于具有中等价值的二手车评估。这是目前二手车鉴定评估较常用的方法之一。

5. 计算实例

例4-2：某公司2002年6月购得一辆奥迪A6型（排量2.4 L）轿车作为公务使用，2006年6月在北京交易，2006年6月在北京市场上该型号车纯车价是40万元，该车技术等级评定为2级，无重大事故痕迹，该车外表有少数划痕，无需进行修理。维护保养好，路试车况好。行驶里程为15万km。试用鉴定调整系数法计算成新率。

解：该车已使用年限为4年，由于是公车，其规定使用年限为15年，则：

1）该车技术等级好，$K_1=1.0$；
2）该车维护保养好，$K_2=1.0$；
3）该车为进口车，$K_3=1.0$；
4）该车为公务用车，$K_4=0.9$；
5）该车作为公务用车经常在市区行驶，使用等级高，$K_5=1.0$。

$$K = K_1 \times 30\% + K_2 \times 25\% + K_3 \times 20\% + K_4 \times 15\% + K_5 \times 10\%$$
$$= 1.0 \times 30\% + 1.0 \times 25\% + 1.0 \times 20\% + 0.9 \times 15\% + 1.0 \times 10\%$$
$$= 0.985$$

$$C_z = C_n \times K \times 100\%$$
$$= \left(1 - \frac{Y}{G}\right) \times K \times 100\%$$
$$= \left(1 - \frac{4}{15}\right) \times 0.985 \times 100\%$$
$$= 72.23\%$$

五、部件鉴定法

1. 计算方法

部件鉴定法（也称技术鉴定法）是指评估人员在确定二手车各组成部分技术状况的基础上，按其各组成部分对整车的重要性和价值量的大小加权评分，最后确定成新率的一种方法。采用部件鉴定法估算二手车成新率的计算公式为

$$C_b = \sum_{i=1}^{n}(c_i \times \beta_i) \quad (4-6)$$

式中　C_b——部件鉴定法二手车成新率；
　　　c_i——二手车第 i 项部件的成新率；
　　　β_i——二手车第 i 项部件的价值权重。

2. 计算步骤

此方法的基本步骤如下：

1）先确定二手车各主要总成、部件，再根据各部分的制造成本占整车制造成本的比例，确定其权重的百分比 β_i（$i=1,2,\cdots,n$），表 4-4 为汽车各部分的价值权重参考表。

2）以全新车辆对应的各总成、部件功能为满分（100分），功能完全丧失为零分，再根据被评估二手车各相应总成、部件的技术状态估算出其成新率 c_i（$i=1,2,\cdots,n$）。

3）将各总成、部件估算出的成新率与权重相乘，得到各总成、部件的权重成新率（$c_i \times \beta_i$）（$i=1,2,\cdots,n$）。

4）将各总成、部件的权重成新率相加，即得出被评估车辆的成新率。

表 4-4　汽车各部分的价值权重参考表

车辆各主要总成、部件名称	价值权重 /%		
	轿车	客车	货车
发动机及离合器总成	25	28	25
变速器及万向传动装置总成	12	10	15

续表

车辆各主要总成、部件名称	价值权重 /%		
	轿车	客车	货车
前桥、前悬架及转向系总成	9	10	15
后桥及后悬架总成	9	10	15
制动装置	6	5	5
车架装置	0	5	6
车身装置	28	22	9
电气及仪表装置	7	6	5
轮胎	4	4	5
合计	100	100	100

在不同种类、档次的车辆上，各组成部分对整车的重要性及其价值占整车的比例各不相同，有些类型车辆之间相差还很大。因此，表 4-4 只能供评估人员参考，不可作为唯一标准。在实际评估时，应根据被评估车辆各部分价值量占整车价值的比例，调整各部分的权重。

3. 特点及适用范围

从上述计算步骤可见，采用部件鉴定法计算加权成新率比较费时费力，但评估值更接近客观实际，可信度高。它既考虑了二手车实体性损耗，同时也考虑了二手车维修或换件等追加投资使车辆价值发生的变化。这种方法一般用于价值较高的二手车评估。

任务二　现行市价法

现行市价法又称市场法、市场价格比较法，是指通过比较被评估车辆与最近售出类似车辆的异同，并将类似车辆的市场价格进行调整，从而确定被评估车辆价值的一种评估方法。

现行市价法是最直接、最简单的一种评估方法。这种方法的基本思路是：通过市场调查，选择一个或几个与评估车辆相同或类似的车辆作为参照物，分析参照物的构造、功能、性能、新旧程度、地区差别、交易条件及成交价格等，并与评估车辆一一对照比较，找出两者的差别及差别所反映在价格上的差额，经过调整，计算出二手车的价格。

一、现行市价法的应用前提

现行市价法的应用前提如下：

1）需要有一个充分发育、活跃的二手车交易市场，有充分的参照物可取，即要有二手车交易的公开市场，在这个市场上有众多的卖者和买者，能公平交易等，这样可以排除交易的偶然性和特殊性。市场成交的二手车价格可以准确反映市场行情，评估结果更公平公正，双方都易接受。

2）参照物及其与被评估车辆有可比较的指标、技术参数等资料，是可收集到的，并且价值影响因素明确，可以量化。

运用现行市价法，重要的是要能够找到与被评估车辆相同或相类似的参照物，并且参照物是近期的，可比的。所谓近期，即指参照物交易时间与车辆评估基准日相差时间相近，一般在一个季度之内；所谓可比，即指车辆在规格、型号、功能、性能、内部结构、新旧程度及交易条件等方面不相上下。还有选择参照物的数量，按照市价法的通常做法，参照物一般要在3个以上。因为运用市价法进行二手车价格评估，二手车的价位高低在很大程度上取决于参照物成交价格水平。而参照物成交价不仅是参照物功能自身市场价值体现，还要受买卖双方交易地位、交易动机、交易时限等因素影响。因此，在评估中除了要求参照物与评估对象在功能、交易条件和成交时间上有可比性，还要考虑参照物的数量。

二、现行市价法评估的步骤

1. 收集资料

收集评估对象的资料，包括车辆的类别名称、型号和性能、生产厂家及出厂年月，了解车辆目前使用情况、实际技术状况以及尚可使用的年限等。

2. 选定二手车交易市场上可进行类比的对象

所选定的类比车辆必须具有可比性，可比性因素包括：
1）车辆型号，指汽车类型和主要参数。
2）车辆制造厂家。
3）车辆来源，是私用、公务、商务车辆，还是营运出租车辆。
4）车辆使用年限，行驶里程数。
5）车辆实际技术状况。
6）市场状况，是指市场处于衰退萧条或复苏繁荣，供求关系是买方市场还是卖方市场。
7）评估目的，车辆出售是以清偿为目的或是以淘汰转让为目的；买方是获利转手倒卖或是购建自用。不同情况交易作价往往有较大的差别。
8）车辆所处的地理位置。不同地区的交易市场，同样车辆的价格有较大的差别。
9）成交数量。单台交易与成批交易的价格会有一定差别。
10）成交时间。应尽量采用近期成交的车辆作为类比对象。由于市场随时间的变化，往往受通货膨胀及市场供求关系变化的影响，价格有时波动很大。

3. 分析、类比

综合上述可比性因素，对待评估的车辆与选定的类比对象进行认真的分析类比。

4. 计算评估值

分析调整差异，得出结论。

三、现行市价法的计算方法

运用现行市价法确定单台车辆价值通常采用直接法和类比法两种主要方法。

1. 直接法

直接法是指在市场上能找到与被评估车辆完全相同的车辆的现行市价，并依其价格直接作为被评估车辆评估价格的一种方法。

完全相同是指车辆型号、使用条件和技术状况基本相同，生产和交易时间相近，寻找这样的参照物一般来讲是比较困难的。通常如果参照车辆与被评估车辆类别相同、主参数相同、结构性能相同，只是生产序号不同，并只做局部改动，交易时间也相近，可作为直接评估过程中的参照物。

2. 类比法

类比法是指评估车辆时，在公开市场上找不到与之完全相同的车辆，但在公开市场上能找到与之相类似的车辆，以此为参照物，通过对比分析车辆技术状况和交易条件的差异，在参照物成交价格的基础上做出相应调整，进而确定被评估车辆价格的一种方法。所选参照物与评估基准日在时间上越近越好，若确无近期的参照物，也可以选择相对远期的参照物，再做日期修正。

运用市价法进行评估的具体评估方法有以下几种：

（1）市场售价类比法

以参照物的市场成交价格为基础，考虑参照物与评估对象在功能、市场条件和销售时间等方面影响的方法。

$$评估值 = 参照物成交价 + 功能差异值 + 市场差异值 + 交易差异值 + \cdots$$

（2）价格指数法

以参照物成交价格为基础，考虑参照物成交时间与评估对象的评估基准日之间的间隔对评估对象的价格影响，利用价格指数调整估算二手车价值的方法。

$$评估值 = 参照物成交价 \times (1 + 物价变动指数)$$

（3）成新率价格法

以参照物的成交价格为基础，考虑参照物与评估对象在新旧程度上的差异，通过成新率调整估算出被评估对象的价格的方法。

$$评估值 = 参照物成交价 \times (评估对象成新率 / 参照物成新率)$$

（4）市价折扣法

以参照物成交价格为基础，考虑到评估对象在销售条件、销售时限等方面的不利因素，凭评估人员执业经验或有关规定，设定一个价格折扣率来估算评估对象价格的方法。

$$评估值 = 参照物成交价 \times (1 - 折扣率)$$

四、现行市价法的优缺点

1. 优点

1）能够客观反映旧机动车辆目前的市场情况，其评估的参数、指标直接从市场获得，评估值能反映市场现实价格。

2）评估结果易于被各方面理解和接受。

2. 缺点

1）需要公开及活跃的市场作为基础。然而我国二手车市场还处于起步阶段，发育不完全，不完善，寻找参照物有一定的困难。

2）可比因素多而复杂，即使是同一个生产厂家生产的同一型号的产品，同一天登记，由不同的车主使用，其使用强度、使用条件、维护水平等多种因素不同，其实体损耗、新旧程度都各不相同。

图 4-1 马自达轿车

例 4-3：待评估车为马自达 31.6 手动挡轿车，如图 4-1 所示，在二手车市场上找到一部马自达 32.0 手动挡轿车和一辆马自达 31.6 自动挡轿车，这 3 部车的技术经济参数见表 4-5。

表 4-5 技术经济参数

序号	技术经济参数	参照物1	参照物2	被评估车
1	车辆型号	马自达 32.0 手动挡	马自达 31.6 自动挡轿车	马自达 31.6 手动挡轿车
2	销售市场	公开市场	公开市场	公开市场
3	交易时间	2009 年 12 月	2009 年 6 月	2009 年 6 月
4	使用年限	15 年	15 年	15 年
5	初次登记年月	2007 年 6 月	2006 年 6 月	2006 年 12 月
6	已使用年限	2 年 6 个月	3 年	2 年 6 个月
7	成新率	78%	73%	75%
8	交易数量	1	1	1
9	付款方式	现款	现款	现款
10	地点	上海	上海	上海
11	物价指数	1	1.03	1.03
12	价格/万元	10	8.5	待定

解：

（1）以参照物 1 做各项差异量化和调整

1）结构性能差异的量化与调整。参照物 1 的车身为老式车身，被评估车为新式车身，评估基准时点差异为 0.8 万元；参照物 1 为 2.0 排量，被评估车为 1.6 排量，该项差异为 1.2 万元。结构性能差异的调整数为（0.8-1.2）×75%=-0.3（万元）。

2）销售时间差异量化与调整。参照物 1 成交时间的物价指数为 1.03，被评估车评估时的物价指数为 1，该项调整系数为 1.03/1 = 1.03。

3）新旧程度差异量化与调整。该项调整数为 10.0×（75%-78%）=-0.3（万元）。

4）销售数量及付款方式无异，不需修正。

5）评估值 =（10.0−0.3−0.3）×1.03=9.68（万元）。

（2）以参照物2做各项差异量化和调整

1）结构性能差异的量化与调整。参照物2为自动挡，被评估车采用手动挡，该项差异为1万元。该项调整数为 −1×75%=−0.75（万元）。

2）新旧程度差异量化与调整。该项调整数为8.5×（75%−73%）=0.17（万元）。

3）销售时间、数量和付款方式无异，不需修正。

4）评估值 =（8.5−0.75+0.17）=7.92（万元）。

综合参照物1和参照物2，最终评估值 $P = \dfrac{9.68 + 7.92}{2} = 8.8$（万元）。

重置成本法是指在现时条件下重新购置一辆全新状态的被评估车辆所需的全部成本（即完全重置成本，简称重置全价），减去该被评估车辆的各种陈旧贬值后的差额作为被评估车辆现时价格的一种评估方法。

一、重置成本法的理论依据及计算方法

重置成本法的理论依据：任何一个消费者在购买某项资产时，他所愿意支付的价钱，绝对不会超过具有同等效用的全新资产的最低成本。如果该项资产的价格比重新建造或购置全新状态的同等效用的资产的最低成本高，投资者肯定不会购买这项资产，而会去新建或购置全新的资产。这也就是说，待评估资产的重置成本是其价格的最大可能值。

重置成本法的计算计算方法如下：

评估值 = 重置成本 − 实体性贬值 − 功能性贬值 − 经济性贬值

上式是重置成本法评估二手车的最基本模型。它综合考虑了二手车的现行市场价格和各种影响二手车价值量变化（贬值）的因素，最让人信服和易于接受。但造成这些贬值的影响因素较多且有一定的不确定性，很多情况下，二手车的营运性损耗及经济性损对二手车评估值的确定有相当的困难，在实际评估操作时，这时要酌情考虑营运性功能损耗和经济性损耗对二手车价值的影响，并以调整系数的方式对二手车的评估值进行修正，其公式可以写成：

车辆评估值 = 重置成本 × 成新率 × 调整系数

上式以成新率综合考虑了各种贬值对二手车价值的影响，是一种定性和定量相结合的评估方法，比较符合中国人评判二手物品的思维模式，是目前市场上应用最广的一种评估方法。

二、重置成本法的基本要素及确定方法

1. 二手车的重置成本

重置成本是购买一项全新的与被评估车辆相同的车辆所支付的最低金额。按重新购置车辆所用的材料、技术的不同，可把重置成本区分为复原重置成本（简称复原成本）和更新重置成本（简称更新成本）。复原成本指用与被评估车辆相同的材料、制造标准、设计结构和技术条件等，以现时价格复原购置相同的全新车辆所需的全部成本。更新成本指利用新型材料、新技术标准、新设计等，以现时价格购置相同或相似功能的全新车辆所支付的全部成本。一般情况下，在进行重置成本计算时，如果同时可以取得复原成本和更新成本，应选用更新

成本；如果不存在更新成本，则再考虑用复原成本。

在资产评估中，重置成本的估算有多种方法，对于二手车评估来说，一般采用重置核算法和物价指数法两种方法。

（1）重置核算法

重置核算法也称直接法，它是按待评估车辆的成本构成，以现行市价为标准，计算被评估车辆重置全价的一种方法。也就是将车辆按成本构成分成若干组成部分，先确定各组成部分的现时价格，然后相加得出待评估车辆的重置全价。

（2）物价指数法

物价指数法是在二手车原始成本基础上，通过现时物价指数确定其重置成本，其计算公式为

$$车辆重置成本 = 车辆原始成本 \times \frac{车辆评估时物价指数}{车辆购买时物价指数}$$

或

$$车辆重置成本 = 车辆原始成本 \times (1 + 物价变动指数)$$

当被评估车辆是已停产，或是进口车辆，无法找到现时市场价格时，这是一种很有用的方法。使用物价指数法时应注意的问题如下：

1）一定要先检查被评估车辆的账面原价。如果购买原价不准确，则不能使用物价指数法。

2）使用物价指数法计算出的值，即为车辆重置成本值。

3）物价指数要尽可能选用有法律依据的国家统计部门或物价管理部门以及政府机关发布和提供的数据。不能选用无依据、不明来源的数据。

4）如果现在选用的指数与评估对象规定的评估基准日之间有一段时间差，这一时间差内的价格指数可由评估人员依据近期的指数变化趋势结合市场情况确定。

2. 二手车的实体性贬值

实体性贬值也称有形损耗，是指机动车在存放和使用过程中，由于物理和化学原因而导致的车辆实体发生的价值损耗，即由于自然力的作用而发生的损耗。二手车一般都不是全新状态的，因而大都存在实体性贬值。计量二手车实体有形损耗时主要根据已使用年限进行分摊。

3. 二手车的功能性贬值

功能性贬值是由于科学技术的发展导致的车辆贬值，即无形损耗。这类贬值又可细分为一次性功能贬值和营运性功能贬值。一次性功能贬值是由于技术进步引起劳动生产率的提高，现在再生产制造与原功能相同的车辆的社会必要劳动时间减少，成本降低而造成原车辆的价值贬值。具体表现为原车辆价值中有一个超额投资成本将不被社会承认。营运性功能贬值是

由于技术进步，出现了新的、性能更优的车辆，致使原有车辆的功能相对新车型已经落后而引起其价值贬值。具体表现为原有车辆在完成相同工作任务的前提下，在燃润料、人力、配件材料等方面的消耗增加，形成了一部分超额运营成本。

4. 二手车经济性贬值

经济性贬值（也称经济性损耗）是指由于外部经济环境变化所造成的车辆贬值。外部经济环境包括宏观经济政策、市场需求、通货膨胀、环境保护等。经济性贬值是由于外部环境而不是车辆本身或内部因素所引起的达不到原有设计的获利能力而造成的贬值。外界因素对车辆价值的影响不仅是客观存在的，而且对车辆价值影响还相当大，所以在二手车评估中不可忽视。

外部因素不论多少，对车辆价值的影响不外乎两类：

1）导致车辆闲置，在这种情况下，可通过估计车辆未来闲置的时间及其资金成本来估算其经济性贬值。

2）造成运营成本上升。由于造成车辆经济性贬值的外部因素很多，并且造成贬值的程度也不尽相同，因此在评估时应在统筹考虑这些因素的基础上适当地确定经济性贬值的数额。

三、重置成本法的应用前提

根据重置成本法评估被评估物的基本公式分析，应用重置成本法应具备两个前提条件：

1）被评估车辆可以重新建造或购置，即被评估车辆必须能复原或更新。

2）被评估车辆因各种因素而产生的贬值可以量化。

重置成本法作为一种二手车评估的方法，是从能够重新取得被评估车辆的角度来反映二手车的交换价值的。只有当被评估车辆处于继续使用状态下，再取得被评估车辆的全部费用才能构成其交换价值的内容。

四、重置成本法评估的步骤

重置成本法评估的步骤如下：

1）求取重置成本。
2）确定实体性贬值。
3）确定功能性贬值。
4）确定经济性贬值。
5）求评估值。

五、重置成本法的优缺点

1. 优点

1）比较充分地考虑了车辆的损耗,评估结果更趋于公平合理。
2）在不易计算车辆未来收益或难以取得市场(二手车交易市场)参照物条件下可广泛应用。
3）是一种容易被买卖双方接受的评估方法。

2. 缺点

1）工作量大。
2）经济性贬值不易准确计算。

例4-4：2009年3月25日,客户于先生驾驶其大众甲壳虫轿车,如图4-2所示,到上海某大众专卖店进行二手车置换业务,以下是鉴定评估师对该车的检查鉴定情况：

图4-2 大众甲壳虫轿车

1. 手续检验

该车出厂日期为2004年2月,初次登记日期为2004年3月31日,年检有效期至2009年3月,已行驶里程为52 122 km。该车所有证件、手续齐全,真实合法。

2. 车辆使用背景

该车属私家车,有车库保管,仅为上下班用,长年工作在市区内,工作条件较好,使用强度不大,日常维护、保养较好。

3. 车况检查

（1）静态检查

1）左前翼子板有钣金迹象,但做漆质量上乘,前后保险杠表面有碰伤痕迹,整体外观尚好。
2）车辆的内部装饰清洁整齐,座椅皮面保养较好,电气部件工作良好。

3）发动机舱内布置整齐合理，但清洁度差，较多尘土，机油量在中线。

4）将车开进地沟检查发现：发动机保护钢板有剐蹭痕迹，其他部件尚好。

（2）动态检查

1）车辆起动后非常安静，无抖动现象，车辆起步加速反应良好，车辆行驶在 60 km/h 情况下，车辆悬架平稳，没有振抖、异响，胎噪声正常，突然加速车辆也无特别的声响，滑行效果良好，乘坐人员反映车辆舒适性不错。在高速公路上行驶 110 km/h 时车辆运行平稳、无振抖、异响、跑偏、摆偏、转向盘发抖等现象。

2）动态试验后车辆油、水温正常，运动机件无过热，无漏水、油、电等现象。

（3）评估价值

已知该车型新车市场行情价为 25 万元，试用重置成本——综合分析法评估该车的价值。解：

1）根据题意，评估价值采用重置成本——综合分析法，其计算公式为

$$P = B \times C_z = B \times C_n \times K \times 100\%$$

2）初次登记日为 2004 年 3 月，评估基准日为 2009 年 3 月，则已使用年限 $Y=5$ 年，规定使用年限为 15 年，$Y_g = 15$ 年。

3）重置成本的确定：因属交易类，故重置成本为市场价，即重置成本为 25 万元。

4）综合调整系数 K 的确定：根据技术鉴定情况，该车无须进行项目修理或换件，参考表 4-2 得到以下综合调整系数：

该车技术状况较好，车辆技术状况调整系数 $K_1 = 0.9$；

使用、维护保养好，使用与维护保养调整系数 $K_2 = 1.0$；

大众甲壳虫轿车是进口车，制造质量调整系数 $K_3 = 1.0$；

该车为私人用车，车辆用途调整系数 $K_4 = 1.0$；

该车主要在市内行驶，使用条件好，使用条件调整系数 $K_5 = 1.0$。

则综合调整系数为

$$K = K_1 \times 30\% + K_2 \times 25\% + K_3 \times 20\% + K_4 \times 15\% + K_5 \times 10\%$$

$$= 0.9 \times 30\% + 1.0 \times 25\% + 1.0 \times 20\% + 1.0 \times 15\% + 1.0 \times 10\%$$

$$= 0.97$$

5）计算成新率 C_z：

$$C_z = (1 - Y/Y_g) \times K \times 100\%$$

$$= (1 - 5/15) \times 0.97 \times 100\%$$

$$= 64.7\%$$

6）计算评估值 P：

$$p = B \times C_z$$

$$= 25 \times 64.7\% = 16.2（万元）$$

任务四 收益现值法

收益现值法是将被评估的车辆在剩余寿命期内预期收益用适用的折现率折现为评估基准日的现值,并以此确定评估价格的一种方法。

当汽车作为生产资料而非消费资料时,即营业性汽车评估时,时常会考虑汽车的使用收益问题。采用收益现值法对二手车辆进行评估所确定的价格,是指为获得该机动车辆以取得预期收益的权利所支付的货币总额。

一、收益现值法的应用前提

收益现值法的应用前提如下:
1)被评估的二手车必须是经营性车,具有继续经营能力,并不断获得收益。
2)继续经营的预期收益可以预测且必须能够用货币金额来表示。
3)影响被评估未来经营风险的各种因素能够转化为数据加以计算,体现在折现率中。

由以上应用前提可知,运用收益现值法进行评估时,是以车辆投入使用后连续获利为基础的。在二手车的交易中,人们购买的目的往往不是在于车辆本身,而是车辆获利的能力。

二、收益现值法评估的步骤

收益现值法评估的步骤如下:
1)收集有关营运汽车收入和费用的资料。
2)充分调查了解被评估汽车的技术状况。
3)确定预期收益的预测及折现率等评价参数。
4)将预期收益折现处理,确定二手车评估值。
5)分析确定评估结果。

例 4-5:某企业拟将一辆少林牌 10 座旅行客车转让,某个体工商户准备将该车用做载客营运。按国家规定,该车辆剩余年限为 4 年,经预测得出 4 年内各年预期收益的数据见表 4-6。

表 4-6 4 年内各年预期收益的数据

年限	收益额/元	折现率	折现系数	收益折现值/元
第一年	12 000	8%	0.9 259	11 111
第二年	10 000	8%	0.8 573	8 573
第三年	8 000	8%	0.7 938	6 350
第四年	7 000	8%	0.7 350	5 145

由此可以确定评估值为

$$评估值 =11\ 111 + 8\ 573 + 6\ 350+5\ 145=31\ 179（元）$$

三、收益现值法的优缺点

1. 优点

1）与投资决策相结合，容易被交易双方接受。
2）能真实和较准确地反映车辆本金化的价格。

2. 缺点

1）预期收益额和折现率以及风险报酬率的预测难度大。
2）受较强的主观判断和未来不可预见因素的影响较大。

任务五　清算价格法评估二手车价值

　　清算价格法是以清算价格为标准，对二手车辆进行的价格评估。清算价格指企业由于破产或其他原因，要求在一定的期限内将车辆变现，在企业清算之日预期出卖车辆可收回的快速变现价格。

　　清算价格法在原理上基本与现行市价法相同，所不同的是迫于停业或破产，清算价格往往大大低于现行市场价格。这是由于企业被迫停业或破产，急于将车辆拍卖、出售。

一、清算价格法的应用前提

　　清算价格法适用于企业破产、抵押、停业清理等情况下要售出的车辆。

1. 企业破产

　　当企业或个人因经营不善造成的严重亏损不能清偿到期债务时，企业应依法宣告破产，法院以其全部财产依法清偿其所欠的债务，不足部分不再清偿。

2. 抵押

　　抵押是以所有者资产作为抵押物进行融资的一种经济行为，是合同当事人一方用自己特定的财产向对方保证履行合同义务的担保形式。提供财产的一方为抵押人，接受抵押财产的一方为抵押权人。抵押人不履行合同时，抵押权人有权利将抵押财产在法律允许的范围内变卖，从变卖抵押物价款中优先受偿。

3. 停业清理

　　停业清理是指企业由于经营不善导致严重亏损，已临近破产的边缘或因其他原因将无法继续经营下去，为弄清企业财物现状，对全部财产进行清点、整理和查核，为经营决策（破产清算或继续经营）提供依据，以及因资产损毁、报废而进行清理、拆除等的经济行为。

　　在以上 3 种经济行为中，若车辆进行评估，可用清算价格为标准进行。

　　以清算价格法评估车辆价格的前提条件有以下 3 点：

　　1）以具有法律效力的破产处理文件或抵押合同及其他有效文件为依据。

　　2）车辆在市场上可以快速出售变现。

　　3）所卖收入足以补偿因出售车辆导致的附加支出总额。

二、影响清算价格的主要因素

在二手车评估中决定清算价格的有以下几项主要因素：

1）破产形式。如果企业丧失车辆处置权，出售的一方无讨价还价的可能，那么以买方出价决定车辆售价；如果企业未丧失处置权，出售车辆一方尚有讨价还价余地，那么以双方议价决定售价。

2）债权人处置车辆的方式。按抵押时的合同契约规定执行，如公开拍卖或收回己有。

3）清理费用。在破产等评估车辆价格时应对清理费用及其他费用给予充分的考虑。

4）拍卖时限。一般来说，拍卖时限长，售价会略高，反之略低。这是快速变现原则的作用所决定的。

5）公平市价。公平市价指车辆交易成交双方都满意的价格。在清算价格中卖方满意的价格一般不易求得。

6）参照物价格。参照物价格指在市场上出售相同或类似车辆的价格。一般来说，市场参照物价格高，车辆出售的价格就会高，反之则低。

三、清算价格法的计算方法

清算价格法的计算方法主要有以下3种：

1. 现行市价折扣法

现行市价折扣法指对清理车辆，首先在二手车市场上寻找一个相适应的参照物；然后根据快速变现原则估定一个折扣率并据以确定其清算价格。

例如，一辆桑塔纳轿车，经调查在二手车市场上成交价为4万，根据销售情况调查，折价20%可以当即出售，则该车辆清算价格为4×（1-20%）=3.2（万元）。

2. 模拟拍卖法（也称意向询价法）

模拟拍卖法是根据向被评估车辆的潜在购买者询价的办法取得市场信息，最后经评估人员分析确定其清算价格的一种方法。用这种方法确定的清算价格受供需关系影响很大，要充分考虑其影响的程度。

例如，有一台大型拖拉机，拟评估其拍卖清算价格，评估人员经过对2个农场主、2个农机公司经理和2个农机销售员征询，其评估分别为6万元、7.3万元、4.8万元、5万元、6.5万元和7万元，平均价为6.1万元。考虑目前年关将至和其他因素，评估人员确定清算价格为5.8万元。

3. 竞价法

竞价法是由法院按照法定程序（破产清算）或由卖方根据评估结果提出一个拍卖的底价，在公开市场上由买方竞争出价，谁出的价格高就卖给谁。

例 4-6：2009 年 5 月，某公司因经营不善宣告破产，该公司所拥有的一辆 2005 年 5 月登记注册的公务用车宝马 X5 SUV 车型，如图 4-3 所示，需要拍卖，已知该车型已经停产，现在市场上新车型的市价为 96.3 万元，经评估人员技术鉴定，该车技术等级良好，无事故痕迹，无需进行修理；维护保养好；该车经常在市区内行驶。据市场调查，该车折价 20% 可立即出售。试计算该车的拍卖底价。

图 4-3　宝马 X5 SUV 轿车

解：该车已使用年限为 4 年，由于是公车，其规定使用年限为 15 年，则：

1）综合调整系数 K 的确定：
① 该车技术等级好，$K_1=1.0$；
② 该车维护保养好，$K_2=1.0$；
③ 该车为进口车，$K_3=1.0$；
④ 该车为公务用车，$K_4=0.9$；
⑤ 该车作为公务用车经常在市区行驶，使用等级高，$K_5=1.0$。

2）综合调整系数为

$$K=K_1\times30\%+K_2\times25\%+K_3\times20\%+K_4\times15\%+K_5\times10\%$$
$$=1.0\times30\%+1.0\times25\%+1.0\times20\%+0.9\times15\%+1.0\times10\%$$
$$=0.985$$

3）计算成新率 C_z：

$$C_z=C_n\times K\times100\%$$
$$=\left(1-\frac{Y}{G}\right)\times K\times100\%$$
$$=\left(1-\frac{4}{15}\right)\times0.985\times100\%$$
$$=72.23\%$$

4）计算重置成本评估值 P：

$$P=B\times C_z=96.3\times72.23\%=69.56（万元）$$

5）计算清算价格法评估值 P'：

$$P=P'\times（1-20\%）=69.56\times80\%=55.65（元）$$

任务六　二手车评估方法的选择及案例分析

一、评估方法的区别与联系

1. 重置成本法与收益现值法

重置成本法与收益现值法的区别在于：前者是历史过程，后者是预期过程。重置成本法比较侧重对车辆过去使用状况的分析。尽管重置成本法中的更新重置成本是现时价格，但重置成本法中的其他许多因素都是基于对历史的分析，再加上对现时的比较后得出结论。如有形损耗就是基于被评估车辆的已使用年限和使用强度等来确定的。由此可见，如果没有对被评估车辆的历史判断和记录，那么运用重置成本法评估车辆的价值是不可能的。

与重置成本法比较，收益现值法的评估要素完全是基于对未来的分析。收益现值法不必考虑被评估车辆过去的情况，也就是说，收益现值法从不把被评估车辆已使用年限和使用程度作为评估基础。收益现值法所考虑和侧重的是被评估对象未来能给予投资者带来多少收益。预期收益的测定，是收益现值法的基础。一般而言，预期收益越大，车辆的价值越大。

2. 重置成本法与现行市价法

理论上讲，重置成本法也是一种比较方法。它是将被评估车辆与全新车辆进行比较的过程，而且，这里的比较更侧重于性能方面。例如，评估一辆二手车时，首先要考虑重新购置一台全新的车辆时需花多少成本，同时还需进一步考虑二手车的陈旧状况和功能、技术情况。只有当这一系列因素充分考虑周到后，才可能给二手车定价。而上述过程都涉及与全新车辆的比较，没有比较就无法确定二手车的价格。

与重置成本法比较，现行市价法的出发点更多地表现在价格上。由于现行市价法比较重侧价格分析，因此对现行市价法的运用便十分强调市场化程度。如果市场很活跃，参照物很容易取得，那么运用现行市价法所取得的结论就会更可靠。现行市价法的这种比较性，相对于重置成本法而言，其条件更为广泛。

运用重置成本法时，也许只需有一个或几个类似的参照物即可。但是运用现行市价法时，必须有更多的市场数据。如果只取某一数据进行比较，那么现行市价法所做的结论将肯定受到怀疑。

3. 收益现值法与现行市价法

收益现值法与现行市价法之间的联系就是现行市价法与收益现值法的结合。通过把现行市价法和收益现值法结合起来评估车辆的价值，在市场发达国家应用得相当普遍。

从评估观点看，收益现值法中任何参数的确定，都具有人的主观性。因为预期收益、折现率等都是不可知的参数，也容易引起争议。但是这些参数在运用收益现值法评估车辆价值时必须明确，否则收益现值法就不能使用。然而，一旦从估计的角度上来考虑收益现值法中的参数，这就会涉及估计的依据问题。对这样的问题，在市场发达的地方，解决的方式便是寻求参照物，通过选择参照物，进一步计量其收益折现率及预期年限，然后将这些参照物数据比较有效地运用到被评估车辆上，以确定车辆的价值。

把收益现值法和现行市价法结合起来使用，其目的在于降低评估过程中的人为因素，更好地反映客观实际，从而使车辆的评估更能体现市场观点。

4. 清算价格法与现行市价法

清算价格法与现行市价法，都是基于现行市场价格确定车辆价格的方法。所不同的是，利用现行市价法确定的车辆价格，如果被出售者接受，而不被购买者接受，出售者有权拒绝交易。但利用清算价格法确定的清算价格，若不能被买方接受，清算价格就失去意义。这就使得利用清算价格进行的评估，完全是一种站在购买方立场上的评估，在某种程度上，这可以被认为是一种取悦于购买方的评估。

二、评估方法的选用

1. 重置成本法的适用范围

重置成本法是汽车评估中一种常用的方法，对在用车辆，可直接运用重置成本法进行评估，无须做较大的调整。在目前，我国二手车交易市场尚需进一步规范和完善，运用现行市价法和收益现值法的客观条件受到一定的制约；而清算价格法仅在特定的条件下才能使用。因此，重置成本法在汽车评估中得到了广泛的应用。

2. 收益现值法的适用范围

在某些情况下，运用收益现值法进行汽车评估的前提是被评估车辆具有独立的、能连续用货币计量的可预期收益。由于在车辆的交易中，人们购买的目的往往不在于车辆本身，而是车辆的获利能力。因此，该方法较适于从事营运的车辆。

3. 现行市价法的适用范围

现行市价法的运用首先必须以市场为前提，它是借助于参照物的市场成交价或变现价运作的（该参照物与被评估车辆相同或相似）。因此，一个发达活跃的车辆交易市场是现行市价法得以广泛运用的前提。

此外，现行市价法的运用还必须以可比性为前提。运用该方法评估车辆市场价值的合理性与公允性，在很大程度上取决于所选取的参照物的可比性如何。参照物的可比性既是运用现行市价法进行汽车评估的前提条件，同时也是对运用现行市价法进行二手车评估的范围界定。对于车辆的买卖，以车辆作为投资参股、合作经营，均适用现行市价法。

4. 清算价格法的适用范围

清算价格法适用于企业破产、抵押、停业清理时要售出的车辆。这类车辆必须同时满足以下3个条件，方可利用清算价格法进行出售：

1）以具有法律效力的破产处理文件、抵押合同及其他有效文件为依据。
2）车辆在市场上可以快速出售变现。
3）清算价格足以补偿因出售车辆所付出的附加支出总额。

例 4-7： 某法院欲在近期内将其扣押的一辆轻型载货汽车拍卖。至评估基准日止，该汽车已使用了3年，车况与其新旧程度相符。试评估该车的清算价格。

解： 本次评估的目的是债务清偿，故应采用的评估方法为清算价格法。根据被评估车辆的实际情况和所掌握的资料，首先利用重置成本法确定车辆在公平市场条件下的评估价格。然后，根据市场调查，按一定的折扣率确定汽车的清算价格。

1. 确定车辆重置成本全价

根据市场调查，全新的该型车目前的售价为8万元。根据相关规定，购置该型车时，要缴纳10%的车辆购置附加费和3%的货运附加费，故被评估车辆的重置成本全价为

$$重置成本全价 = 80\,000 \times (1 + 10\% + 3\%) = 90\,400（元）$$

2. 确定车辆的成新率

被评估车辆的价值不高，且车辆的技术状况与其新旧程度相符，故决定采用使用年限法确定其成新率。

根据相关标准规定，被评估车辆的使用年限为10年，该车已使用年限为3年，故被评估车辆的成新率为

$$成新率 = (1 - 3/10) \times 100\% = 70\%$$

3. 确定被评估车辆在公平市场条件下的评估值

根据调查和了解，被评估车辆的功能性损耗及经济性损耗均很小，可忽略不计。故在公平市场条件下，该车的评估值为

$$90\,400 \times 70\% = 63\,280（元）$$

4. 确定折扣率

根据市场调查，可在清算日内出售车辆，故确定折扣率为 80%。

5. 确定被评估车辆的清算价格

$$车辆的清算价格 = 63\,280 \times 80\% = 50\,624（元）$$

例 4-8：某公司欲出售一辆进口雷克萨斯轿车，如图 4-4 所示。据了解，目前与此款车相同的新车销售价格为 46.8 万元，至评估基准日为止，该车已经使用 2 年 6 个月，累计行驶里程 50 000 km。通过现场勘察，该车车身处有两处擦伤痕迹，后悬架局部存在故障，前排座椅电动装置工作不良，一侧电动车窗不能正常工作，发电机工作不正常，其他车况均与车辆新旧程度相符。试评估该车的价格。

图 4-4 雷克萨斯轿车

解：根据调查、比较，该车的重置成本为 46.8 万元，因为被评估车辆的价值较高，所以决定采用重置成本法评估该车价格，采用部件鉴定确定其成新率。

1）根据被评估车辆的各主要总成、部件的价值及重要性占整车价值及重要性的比例，按百分比确定各部分的权重，见表 4-7。

2）对车辆进行技术鉴定，确定车辆各部分的成新率及整车的成新率，见表 4-7。

表 4-7 车辆各部件的权重及成新率

总成、部件名称	权重/%	成新率/%	加权成新率/%
发动机及离合器总成	25	80	20
变速器及万向传动装置总成	12	80	9.6
前桥、前悬架及转向系总成	9	60	5.4
后桥及后悬架总成	9	75	6.75
制动装置	6	80	4.8
车身装置	28	75	21
电气及仪表装置	7	70	4.9
轮胎	4	80	3.2
合计	100	—	75.65

3）计算车辆的评估值：

$$车辆的评估值 = 468\,000 \times 75.65\% = 354\,042（元）$$

任务七　二手车鉴定评估报告书撰写

一、二手车评估报告的作用

1. 二手车鉴定评估报告及鉴定评估报告书的概念

二手车鉴定评估报告是指二手车鉴定评估机构按照评估工作制度有关规定，在完成鉴定评估工作后向委托方和有关方面提交的说明二手车鉴定评估过程和结果的书面报告。它是按照一定格式和内容来反映评估目的、程序、依据、方法和结果等基本情况的报告书。广义的鉴定评估报告还是一种工作制度。它规定评估机构在完成二手车鉴定评估工作之后必须按照一定的程序和要求，用书面形式向委托方报告鉴定评估过程和结果。狭义的鉴定评估报告即鉴定评估结果报告书，既是二手车鉴定评估机构完成对二手车作价意见，提交给委托方的公正性的报告，也是二手车鉴定评估机构履行评估合同情况的总结，还是二手车鉴定评估机构为其所完成的鉴定评估结论承担相应法律责任的证明文件。

2. 二手车鉴定评估报告书的作用

二手车鉴定评估报告书不仅是一份评估工作的总结，而且是其价格的公正性文件和二手车交易双方认定二手车价格的依据。

二手车鉴定评估报告书对委托方来说，具有以下重要作用：

1）作为产权交易变动的作价依据。二手车鉴定评估报告书是经具有汽车鉴定评估资格的机构根据被委托鉴定评估车辆的状况，由专业的二手车鉴定估价师，遵循评估的原则和标准，按照法定的程序，运用科学的方法对被委托评估的车辆价值进行评定和估算后，通过报告书的形式提出的作价意见。该作价意见不代表任何当事人一方的利益，是一种专家估价的意见，因而具有较强的公正性和科学性，可以作为二手车买卖交易谈判底价的参考依据，或作为投资比例出资价格的证明材料，特别是对涉及国有资产的二手车给出客观公正的作价，可以有效地防止国有资产的流失，确保国有资产价格的客观、公正、真实。

2）作为法庭辩论和裁决时确认财产价格的举证材料。

3）作为支付评估费用的依据。当委托方（客户）收到评估资料及报告后没有提出异议，也就是说评估的资料及结果符合委托书的条款，委托方应以此为前提和依据向受托方（评估机构）付费。

4）反映和体现评估工作情况，明确委托方、受托方及有关方面责任的根据。

二手车鉴定评报告书采用文字的形式，对受托方进行二手车评估的目的、背景、产权、依据、程序、方法等过程和评定的结果进行说明和总结，体现了评估机构的工作成果；同时，也反映和体现了二手车鉴定评估机构与鉴定评估人员的权利和义务，并依此来明确委托方和受托方的法律责任。撰写评估结果报告书还行使了二手车鉴定评估人员在评估报告书上签字的权利。

二手车鉴定评估报告书对接受委托的鉴定评估机构来说，具有以下重要作用：

1）是评估机构评估成果的体现，是一种动态管理的信息资料，体现了评估机构的工作情况和工作质量。

2）二手车鉴定评估报告书是建立评估档案，归集评估档案资料的重要信息来源。

二、撰写二手车评估报告的基本要求

国有资产管理局以国资办发〔1993〕55号文发布了《关于资产评估报告书的规范意见》，对资产评估报告书的撰写提出了比较系统的规范要求，结合二手车鉴定估价的实际情况，主要要求如下：

1）鉴定估价报告必须依照客观、公正、实事求是的原则由二手车鉴定评估机构独立撰写，如实反映鉴定估价的工作情况。

2）鉴定估价报告应有委托单位（或个人）的名称、二手车鉴定评估机构的名称和印章，二手车鉴定评估机构法人代表或其委托人和二手车鉴定估价师的签字，以及提供报告的日期。

3）鉴定估价报告要写明评估基准日，并且不得随意更改。所有在估价中采用的税率、费率、利率和其他价格标准，均应采用基准日的标准。

4）鉴定估价报告中应写明估价的目的、范围、二手车的状态和产权归属。

5）鉴定估价报告应说明估价工作遵循的原则和依据的法律法规，简述鉴定估价过程，写明评估的方法。

6）鉴定估价报告应有明确的鉴定估算价值的结果，鉴定结果应有二手车的成新率，应有二手车原值、重置价值、评估价值等。

7）鉴定估价报告还应有齐全的附件。

三、二手车评估报告的基本内容

根据二手车评估报告的基本要求来定，评估报告书应包括以下主要内容：

1. 封面

二手车鉴定评估报告书的封面需包含下列内容：二手车鉴定评估报告书名称、鉴定评估机构出具鉴定评估报告的编号、二手车鉴定评估机构全称和鉴定评估报告提交日期等。有服务商标的，评估机构可以在报告封面载明其图形标志。

2. 首部

鉴定评估报告书正文的首部应包括：

1）标题。标题应简练清晰，含有"××××（评估项目名称）鉴定评估报告书"字样，位置居中偏上。

2）报告书序号。报告书序号应符合公文的要求，包括评估机构特征字、公文种类特征字（如评报、评咨和评函，评估报告书正式报告应用"评报"，评估报告书预报告应用"评预报"）、年份、文件序号，如××评报字（2007）第10号。

3. 绪言

写明该评估报告委托方全称、受委托评估事项及评估工作整体情况，一般应采用包含下列内容的表达格式：

××（鉴定评估机构）接受××××的委托，根据国家有关资产评估的规定，本着客观、独立、公正、科学的原则，按照公认的资产评估方法，对××××（车辆）进行了鉴定评估。本机构鉴定评估人员按照必要的程序，对委托鉴定评估车辆进行了实地查勘与市场调查，对其在××××年××月××日所表现的市场价值做出了公允反映。现将车辆评估情况及鉴定评估结果报告如下：

4. 委托方与车辆所有方简介

1）应写明委托方、委托方联系人的名称、联系电话及住址。
2）车主的名称。

5. 鉴定评估目的

应写明本次鉴定评估是为了满足委托方的何种需要，及其所对应的经济行为类型。
例如：
根据委托方的要求，本项目评估目的
□交易 □转籍 □拍卖 □置换 □抵押 □担保 □咨询 □司法裁决

6. 鉴定评估对象

需简要写明纳入评估范围车辆的厂牌型号、号牌号码、发动机号、车辆识别代号/车架号、注册登记日期、年审检验合格有效日期、车辆购置税证号码、车船使用税缴纳有效期。

7. 鉴定评估基准日

写明车辆鉴定评估基准日的具体日期，式样为"鉴定评估基准日是××××年××月××日"。

8. 评估原则

严格遵循"客观性、独立性、公正性、科学性"原则。

9. 评估依据

评估依据一般包括行为依据，法律、法规依据，产权依据和评定及取价依据等。

（1）行为依据

行为依据主要是指二手车鉴定评估委托书、法院的委托书等经济行为文件，如"二手车鉴定评估委托书第10号"。

（2）法律、法规依据

法律、法规依据应包括车辆鉴定评估的有关条款、文件及涉及车辆评估的有关法律、法规等。

（3）产权依据

产权依据是指被评估车辆的机动车登记证书或其他能够证明车辆产权的文件等。

（4）评定及取价依据

评定及取价依据应为鉴定评估机构收集的国家有关部门发布的统计资料和技术标准资料，以及评估机构收集的有关询价资料和参数资料等，例如：

1）技术标准资料：《最新资产评估常用数据与参数手册》。
2）技术参数资料：被评估二手车的技术参数表。
3）技术鉴定资料：车辆检测报告单。
4）其他资料：现场工作底稿、市场询价资料等。

10. 评估方法及计算过程

简要说明评估人员在评估过程中所选择并使用的评估方法；简要说明选择评估方法的依据或原因；如评估时采用一种以上的评估方法，应适当说明原因并说明该资产评估价值确定方法；对于所选择的特殊评估方法，应适当介绍其原理与适用范围；各种评估方法计算的主要步骤等。

11. 评估过程

评估过程应反映二手车鉴定评估机构自接受评估委托起至提交评估报告的工作过程，包括接受委托、验证、现场查勘、市场调查与询证、评定估算和提交报告等过程。

12. 评估结论

给出被评估车辆的评估价格，金额（小写、大写）。

13. 特别事项说明

评估报告中陈述的特别事项是指在已确定评估结果的前提下，评估人员揭示在评估过程中已发现可能影响评估结论，但非评估人员执业水平和能力所能评定估算的有关事项；提示评估报告使用者应注意特别事项对评估结论的影响；揭示鉴定评估人员认为需要说明的其他问题。

14. 评估报告法律效力

说明评估报告的有效日期；特别提示评估基准日的期后事项对评估结论的影响以及评估报告的使用范围等。常见写法如下：

1）本项评估结论有效期为90天，自评估基准日至××××年××月××日止。

2）当评估目的在有效期内实现时，本评估结果可以作为作价参考依据；超过90天，需重新评估。另外在评估有效期内若被评估车辆的市场价格或因交通事故等原因导致车辆的价值发生变化，对车辆评估结果产生明显影响时，委托方也需重新委托评估机构重新评估。

3）鉴定评估报告书的使用权归委托方所有，其评估结论仅供委托方为本项目评估目的使用和送交二手车鉴定评估主管机关审查使用，不适用于其他目的；因使用本报告书不当而产生的任何后果与签署本报告书的鉴定估价师无关；未经委托方许可，本鉴定评估机构承诺不将本报告书的内容向他人提供或公开。

15. 鉴定评估报告提出日期

写明评估报告提交委托方的具体时间。评估报告原则上应在确定的评估基准日后1周内提出。

16. 附件

附件应包括二手车鉴定评估委托书、二手车鉴定评估作业表、车辆行驶证复印件、车辆购置税复印件、车辆登记证书复印件、二手车鉴定评估师资格证书影印件、鉴定评估机构营业掠照影印件、鉴定评估机构资质影印件和二手车照片等。

17. 尾部

写明出具评估报告的评估机构名称，并盖章；写明评估机构法定代表人姓名并签名；注册二手车鉴定评估师盖章并签名；高级注册二手车鉴定评估师审核签章以及报告日期。

四、编制报告书的注意事项

编制二手车鉴定评估报告书时应注意以下事项：

1）实事求是，切忌出具虚假报告。报告书必须建立在真实、客观的基础上，不能脱离实际情况，更不能无中生有。报告拟定人应是参与鉴定评估并全面了解被评估车辆的主要鉴定评估人员。

2）坚持一致性做法，切忌出现表里不一。报告书文字、内容要前后一致，正文、评估说明、作业表、鉴定工作底稿、格式甚至数据要相互一致，不能出现相互矛盾的不一致情况。

3）提交报告书要及时、齐全和保密。在正式完成二手车鉴定评估报告工作后，应按业务约定书的约定时间及时将报告书送交委托方。送交报告书时，报告书及有关文件要送交齐全。

范例

二手车鉴定评估报告书

（示范文本）

××××鉴定评估机构评报字（200 年）第××号

一、绪言

××（鉴定评估机构）接受××××的委托，根据国家有关资产评估的规定，本着客观、独立、公正、科学的原则，按照公认的资产评估方法，对××××（车辆）进行了鉴定评估。本机构鉴定评估人员按照必要的程序，对委托鉴定评估车辆进行了实地查勘与市场调查，并对其在××××年××月××日所表现的市场价值做出了公允反映。现将车辆评估情况及鉴定评估结果报告如下：

二、委托方与车辆所有方简介

（一）委托方××××，委托方联系人×××，联系电话：××××××。

（二）根据机动车行驶证所示，委托车辆车主×××。

三、评估目的

根据委托方的要求，本项目评估目的

☐交易   ☐转籍   ☐拍卖   ☐置换   ☐抵押   ☐担保   ☐咨询   ☐司法裁决

四、评估对象

评估车辆的厂牌型号（　　）；号牌号码（　　）；发动机号（　　）；车辆识别代号 / 车架号（　　）；登记日期（　　）；年审检验合格至　　年　月；购置附加税（费）证（　　）；车船使用税（　　）。

五、鉴定评估基准日

鉴定评估基准日　年　　月　　日。

六、评估原则

严格遵循"客观性、独立性、公正性、科学性"原则。

七、评估依据

（一）行为依据

二手车评估委托书第　　号。

（二）法律、法规依据

1.《企业国有资产评估管理暂行办法》（国务院国有资产监督管理委员会2005年第12号令）；

2. 国家经贸委等部门《汽车报废标准》（国经贸经〔1997〕456号）、《关于调整轻型载货汽车及其补充规定》（国经贸经〔1998〕407号）、《关于调整汽车报废标准若干规定的通知》（国经贸资源〔2000〕1202号）、《农用运输车报废标准》（国经贸资源〔2001〕234号）等；

3. 其他相关的法律、法规等。

（三）产权依据

委托鉴定评估车辆的机动车登记证书编号：

（四）评定及取价依据

技术标准资料：

技术参数资料：

技术鉴定资料：

其他资料

八、评估方法

□重置成本法　　□现行市价法　　□收益现值法　　□其他[1]

计算过程如下：

九、评估过程

按照接受委托、验证、现场查勘、评定估算、提交报告的程序进行。

十、评估结论

车辆评估价格　　　元，金额大写。

十一、特别事项说明[2]

十二、评估报告法律效力

（一）本项评估结论有效期为90天，自评估基准日至　年　月　日止；

（二）当评估目的在有效期内实现时，本评估结果可以作为作价参考依据。超过90天，需重新评估。另外在评估有效期内若被评估车辆的市场价格或因交通事故等原因导致车辆的价值发生变化，对车辆评估结果产生明显影响时，委托方也需重新委托评估机构重新评估；

（三）鉴定评估报告书的使用权归委托方所有，其评估结论仅供委托方为本项目评估目的使

课题四 二手车价值评估

用和送交二手车鉴定评估主管机关审查使用,不适用于其他目的;因使用本报告书不当而产生的任何后果与签署本报告书的鉴定估价师无关;未经委托方许可,本鉴定评估机构承诺不将本报告书的内容向他人提供或公开。

附件:

一、二手车鉴定评估委托书

二、二手车鉴定评估作业表

三、车辆行驶证、购置附加税(费)证复印件

四、鉴定评估师职业资格证书复印件

五、鉴定评估机构营业执照复印件

六、被评估二手车照片(要求外观清晰,车辆牌照能够辨认)

注册二手车鉴定评估师(签字、盖章)　　　　　　复核人[3](签字、盖章)

(二手车鉴定评估机构盖章)

　　　　　　　　　　　　　　　　　　　　　　　　年　　月　　日

[1] 指利用两种或两种以上的评估方法对车辆进行鉴定评估,并以它们评估结果的加权值为最终评估结果的方法。

[2] 特别事项是指在已确定评估结果的前提下,评估人员认为需要说明在评估过程中已发现可能影响评估结论,但非评估人员执业水平和能力所能评定估算的有关事项以及其他问题。

[3] 复核人须具有高级二手车鉴定评估师资格。

备注:本报告书和作业表一式三份,委托方两份,受托方一份。

附件一:二手车鉴定评估委托书

委托书编号:_____

_____二手车鉴定评估机构:

因□交易　□转籍　□拍卖　□置换　□抵押　□担保　□咨询　□司法裁决需要,特委托你单位对车辆(号牌号码_____车辆类型_____发动机号_____车架号_____进行技术状况鉴定并出具评估报告书。

附:委托评估车辆基本信息

车主		身份证号码/法人代表证		联系电话	
住址				邮政编码	
经办人				联系电话	
住址		身份证号码		邮政编码	
车辆情况	厂牌型号			使用用途	
	载质量/座位/排量			燃料种类	
	初次登记日期	年 月 日		车身颜色	
	已使用年限	年 个月	累计行驶里程(万km)		
	大修次数	发动机(次)		整车(次)	
	维修情况				
	事故情况				
价值反映	购买日期	年 月 日		原始价格(元)	
	车主报价(元)				
备注:					

填表说明：

1. 若被评估车辆使用用途曾经为营运车辆，需在备注栏中予以说明；
2. 委托方必须对车辆信息的真实性负责，不得隐瞒任何情节。凡由此引起的法律责任及赔偿责任由委托方负责；
3. 本委托书一式二份，委托方、受托方各一份。

委托方：（签字、盖章） 经办人：（签字、盖章）

（×××二手车鉴定评估机构盖章）

年 月 日　　　　　　　　　　　　　　　　　　　年 月

附件二：二手车鉴定评估作业表

车主		所有权性质	□公 □私	联系电话	
住址				经办人	
原始情况	厂牌型号		号牌号码		车辆类型	
	车辆识别代号				车身颜色	
	发动机号		车架号			
	载质量/座位/排量				燃料种类	
	初次登记日期	年 月	车辆出厂日期		年 月	
	已使用年限	年 个月	累计行驶里程	万km	使用用途	
核查核对交易证件	证件	□原始发票 □机动车登记证书 □机动车行驶证 □法人代码证或身份证 □其他				
	税费		□购置附加费 □养路费 □车船使用税 □其他			
结构特点						
现时技术状况						
维护保养情况			现时状态			
价值反映	账面原值（元）		车主报价（元）			
	重置成本（元）		成新率%		评估价格（元）	
鉴定评估目的：						
鉴定评估说明：						

注册二手车鉴定评估师（签名） 复核人（签名）

年 月 日　　　　　　　　　　　　　　　　　　　年 月 日

填表说明：

1. 现实技术状况：必须如实填写对车辆进行技术鉴定的结果，客观真实地反映出二手车的主要部分（含车身、底盘、发动机、电气、内饰等）以及整车的现时技术状况；
2. 鉴定评估说明：应详细说明重置成本的计算方法，成新率的计算方法以及评估价格的计算方法。

课题五
汽车碰撞损伤评估

【知识目标】

1. 了解汽车碰撞的机理分析；
2. 了解汽车碰撞的损伤评估；
3. 掌握汽车碰撞损伤的检测与测量方法；
4. 掌握汽车主要零部件的损伤评估。

【技能目标】

1. 掌握碰撞损伤车辆的识别；
2. 掌握汽车损伤的检测与测量。

任务一 汽车碰撞损坏

一、汽车碰撞事故分类及特征

汽车碰撞事故可分为单车事故和多车事故。

1. 单车事故

单车事故可分为翻车事故和与障碍物碰撞事故。

1）翻车事故一般是驶离路面或高速转弯造成的，其严重程度主要与事故车辆的车速和翻车路况有关。图 5-1 所示为翻车事故的几种典型状态。

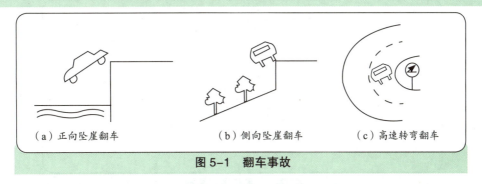

图 5-1 翻车事故

2）与障碍物碰撞事故主要可分为前撞、尾撞和侧撞，其中前撞和尾撞较常见，而侧撞较少发生。与障碍物碰撞的前撞和尾撞又可根据障碍物的特征和碰撞方向的不同再分类。图 5-2 所示为几种典型的汽车与障碍物碰撞案例。

尽管在单车事故中，侧撞较少发生，但当障碍物具有一定速度时也有可能发生，如图 5-3 所示。

单车事故中汽车可受到前、后、左、右、上、下的冲击载荷，且对汽车施加冲击载荷的障碍物可以是有生命的人体或动物体，也可以是无生命的物体。显然障碍物的特性和运动状态对汽车事故的后果影响较大。这些特性包括质量、形状、尺寸和刚性等。这些特性参数的实际变化范围很大，如人体的质量远比牛这类动物体的质量小，而路面和混凝土墙的刚性远比护栏和松土的刚性大。障碍物特性和状态的千变万化导致的结果是对事故车辆及乘员造成不同类型和不同程度的伤害。

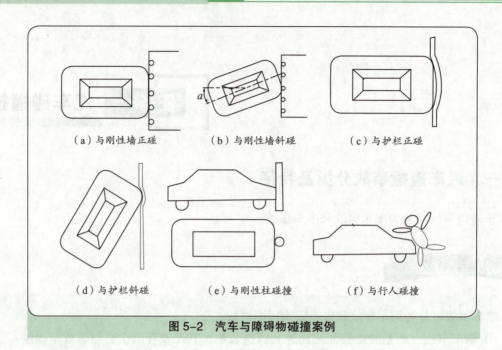

图 5-2　汽车与障碍物碰撞案例

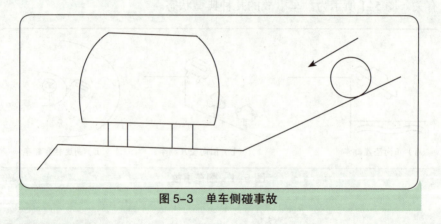

图 5-3　单车侧碰事故

2. 多车事故

多车事故为两辆以上的汽车在同一事故中发生碰撞，如图 5-4 所示。

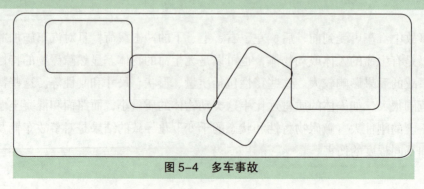

图 5-4　多车事故

尽管多车事故中，可能有两辆以上的汽车同时相撞，但讨论其特征时可只考虑两辆车相撞的情形，如图5-5所示。

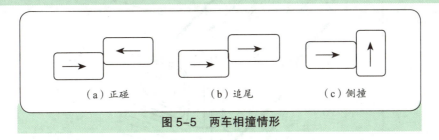

图5-5 两车相撞情形

图5-5（a）所示的正面相撞和图5-5（c）所示的侧面相撞都是具有极大危险性的典型事故状态，且占事故的70%以上。追尾事故在市内交通中发生时，一般相对碰撞速度较低。但由于追尾可造成被撞车辆中乘员颈部的严重损伤和致残，其后果仍然十分严重。从图5-5不难看出，在多车事故中，不同车辆所受的碰撞类型是不一样的，图4-5（a）所示的正面碰撞中，两辆车均受前撞；图4-5（c）所示的追尾事故中，前面车辆受到尾撞，而后面车辆却受前撞；图5-5（c）所示的侧撞事故中，一辆汽车受侧碰，而另一辆汽车却受前撞。在多车事故中，汽车的变形模式也是千变万化的，但与单车事故比，有两个明显的特征：

1）在多车事故中一般没有来自上、下方向的冲击载荷。
2）给事故汽车施加冲击力的均为其他车辆，尽管不同车辆的刚性不一样，但没有单车事故中障碍物的刚性变化大。

在实际生活中，除了以上描述的典型单车事故和典型多车事故外，还有这两类典型事故混合产生的综合型事故，如在多车事故中，一辆或多辆车与行人或其他障碍物发生碰撞。对于这类综合型事故的分析，可结合典型单车事故和典型多车事故的分析方法来讨论。

二、汽车碰撞机理分析

1. 碰撞冲击力

在汽车碰撞过程中，碰撞冲击力的方向总是同某点冲击力特定角度相关。因此，冲击合力可以分成分力，通过汽车向不同方向分散。

例如，某汽车在碰撞过程中，冲击力以垂直和侧向角度撞击汽车的右前翼子板，冲击合力可以分解成为3个分力：垂直分力、水平分力和侧向分力。这3个分力都被汽车零部件所吸收，如图5-6所示。水平分力使汽车右前翼子板变形方向指向发动机罩中心，侧向分力使汽车的右前翼子板向后变形。这些分力的大小及对汽车造成的损坏取决于碰撞角度。

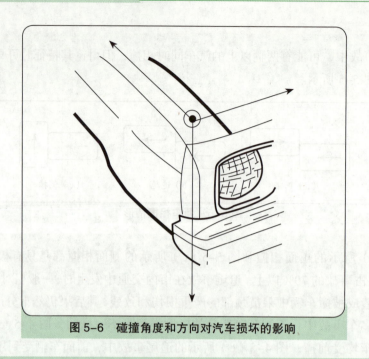

图 5-6　碰撞角度和方向对汽车损坏的影响

冲击力造成大面积的损坏也同样取决于冲击力与汽车质心相对应的方向。假设冲击力的方向并不是沿着汽车的质心方向，一部分冲击力将形成使汽车绕着质心旋转的力矩，该力矩使汽车旋转，从而减少冲击力对汽车零部件的损坏，如图5-7（a）所示。

另一种情况是，冲击力指向汽车的质心，汽车不会旋转，大部分能量将被汽车零部件所吸收，造成的损坏是非常严重的，如图5-7（b）所示。

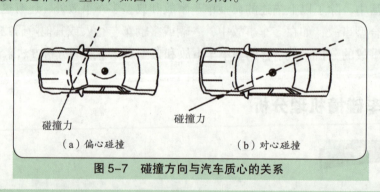

图 5-7　碰撞方向与汽车质心的关系

驾驶员的反应经常影响到冲击力的方向，尤其对于正面碰撞。驾驶员意识到碰撞不可避免时，其第一反应就是旋转转向盘以避免正面碰撞，如图5-8（a）所示。这种反应所导致的汽车碰撞被称为侧面损坏。在众多的碰撞类型中，人们应首先了解这种碰撞类型损坏。

驾驶员的第二反应就是试图制动，汽车进入制动状态，使汽车从前保险杠向下俯冲。这种类型的碰撞一般发生在汽车的前保险杠，比正常接触位置低，如图5-8（b）所示。由这种反应所导致的类型称为凹陷，经常在侧向损坏后立即发生。正面碰撞中的凹陷能导致碰撞点高于汽车的前保险杠，这将引起前罩板件和车顶盖向后移动及汽车尾部向下移动。如果碰撞点的位置低于汽车的前保险杠，汽车的车身质量将引起汽车的尾部向上变形，迫使车顶盖向前移动。这就是为什么在车门的前上部和车顶盖之间形成一个大缝隙的原因（图5-9）。

任务一　汽车碰撞损坏

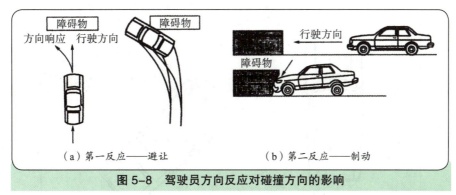

图5-8　驾驶员方向反应对碰撞方向的影响

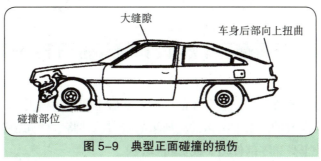

图5-9　典型正面碰撞的损伤

2. 碰撞接触面积

假设汽车以相同的速度和相近的载货量行驶，碰撞的类型不同，损坏的程度也就不同。例如，撞击电线杆和一面墙，如果撞击的面积较大，损坏程度就较小，如图5-10（a）所示。

接触面积越小，损坏就越严重。在图5-10（b）中，保险杠、发动机罩、散热器等都发生严重变形。发动机向后移动，碰撞所带来的影响甚至扩展到后悬架。

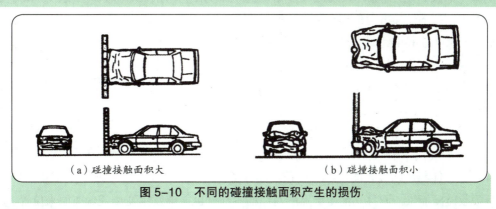

图5-10　不同的碰撞接触面积产生的损伤

另一种情况是，一辆汽车撞击另一辆正在运动的汽车。如图5-11所示，假设汽车1向正在运动的汽车2侧面撞击。汽车1的运动使汽车前端向后运动，然而汽车2的运动将汽车1向侧面"拖动"。尽管这仅是一次碰撞，但是碰撞损失却是两个方向的。此外，在一个方向也可能出现二次碰撞，在高速公路连环相撞是一种普遍存在的现象。一辆轿车撞击另一辆轿车，然后冲向路边的立柱或栏杆，这是两种完全不同类型的碰撞。

137

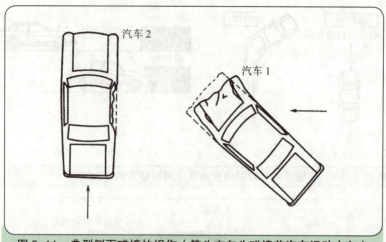

图 5-11　典型侧面碰撞的损伤（箭头方向为碰撞前汽车运动方向）

还有许多其他类型的碰撞和混合碰撞的类型，要做出精确的损失评估，弄清楚汽车碰撞是如何发生的是非常重要的。获取大量的交通事故资料，并将它们同物理测量相结合，判定出汽车碰撞的类型及车身和零部件扭曲或折断。

3. 冲击力的传递原理

现代汽车车身上有许多焊接缝，这些焊接缝可以作为汽车结构的刚性连接点。这些刚性连接点将冲击力传递给整个汽车上与之连接的钣金件和汽车零部件，因此大大降低了汽车的结构变形。

例如，如图 5-12 所示，假设汽车前角受到一个力 F_0 作用，B 区域将会变形，减小了 F_1 的冲击作用，剩下的冲击力传递到 C 点，金属将发生变形，能量继续减小到 F_2，F_2 将分解成两个方向传递到 D 点，冲击力继续减弱传递给 F_3，所受到的力继续改变方向并冲击着车身的支柱和车顶盖，E 点冲击 F_4 继续减小，汽车车顶盖金属轻微变形，在 F 点几乎不再有冲击力，也不再发生变形。碰撞能量大部分都被汽车零部件所吸收。刚性连接点、结构件、钣金件都可以吸收能量。不仅这些部分可以直接吸收碰撞能量，而且其他与该点的对面的零部件也能够发生变形或偏离原来位置。

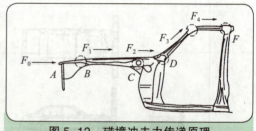

图 5-12　碰撞冲击力传递原理

要想完全掌握现代汽车特别是承载式车身汽车的碰撞损坏，了解汽车的冲击力传递原理是非常重要的（图 5-13）。否则，就不能理解轻微损坏可能会引起汽车在操纵控制和运行性能上发生严重故障的事实。

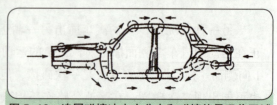

图 5-13　追尾碰撞冲击力分布和碰撞能量吸收区域

三、汽车碰撞损伤类型

按汽车碰撞行为分,汽车碰撞损伤可分为直接损伤(或一次损伤)和间接损伤(或二次损伤)。

1. 直接损伤

直接损伤是指车辆直接碰撞部分出现的损伤。直接碰撞点为车辆前方,推压前保险杠、车辆前翼子板、散热器护栅、发动机罩、车灯等导致其变形,称为直接损伤。

2. 间接损伤

间接损伤是指二次损伤,并离碰撞点有一段距离的损伤。是因碰撞力传递而导致的变形,如车架横梁、行李舱地板、护板和车轮外壳等,变形有弯曲变形和各种钣金件的扭曲变形等。

按汽车碰撞后导致的损伤现象不同,汽车碰撞损伤可归纳为五大类,即侧弯、凹陷、折皱或压溃、菱形损伤、扭曲(图5-14)。

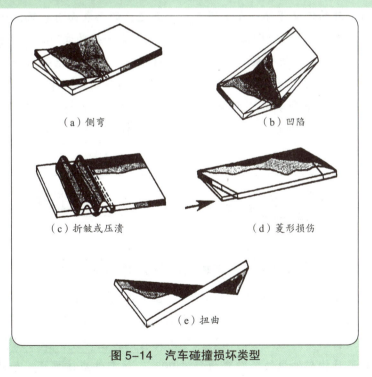

图 5-14 汽车碰撞损坏类型

(1)侧弯

汽车前部、汽车中部或汽车后部在冲击力的作用下,偏离原来的行驶方向发生的碰撞损坏称为侧弯。图5-14(a)所示为汽车的前部侧弯,冲击力使"汽车"的一边伸长,一边缩短。

侧弯也有可能在汽车中部和后部发生。侧弯可以通过视觉和对汽车侧面的检查判别出来,在汽车的伸长侧面留下一条的刮痕,而在另一缩短侧面会有折皱。发动机罩不能正常开起等情况都是侧面损坏的明显特征。

对于非承载式车身汽车，折皱式侧面损坏一般发生在汽车车架横梁的内部和相反方向的外部。承载式车身也能够发生侧面损坏。

(2) 凹陷

凹陷就是汽车的前罩区域出现比正常规定低的情况。损坏的车身或车架背部呈现凹陷形状。凹陷一般是由于正面碰撞或追尾碰撞引起的。有可能发生在汽车的一侧或两侧[图5-14（b）]。当发生凹陷时，可以看到在汽车翼子板和车门之间顶部变窄，底部变宽。也可以看到车门锁处过低。凹陷是一种普通碰撞损坏类型，大量存在于交通事故中。尽管折皱或扭曲在汽车车架本身并不明显，但是一定的凹陷将破坏汽车车身的钣金件的结合。

(3) 折皱或压溃

折皱就是在车架上（非承载式车身汽车）或侧梁上（承载式车身汽车）微小的弯曲。如果考虑车架或侧梁上的折皱位置，常常是另一种类型损坏。

例如，在车架或在车架边纵梁内侧有折皱，表明有向内的侧面损坏；折皱在车架或在车架边梁外侧，表明有向外的侧面损坏；在车架或在车架边梁的上表面有折皱，一般表明是向上凹陷类型；如果折皱在相反的方向，即位于车架的下表面，则一般为向下凹陷类型。

压溃是一种简单、具有广泛性的折皱损坏。这种损坏使得汽车框架的任何部分都比规定要短如图[5-14（c）]。压溃损坏一般发生在前罩板之前或后窗之后，车门没有明显的损坏痕迹。然而在前翼子板、发动机罩和车架棱角等处会有折皱和变形。在轮罩上部车身框架常向上升，引起弹簧座损坏，如图5-15所示。伴随压溃损坏，保险杠的垂直位移很小。发生正面碰撞或追尾碰撞会引起这种损坏。

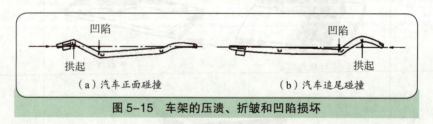

图5-15　车架的压溃、折皱和凹陷损坏

在决定严重压溃损坏的修理方法时，必须记住：在承载式车身上，高强度钢加热后易于拉伸，但这种方法要严格限制，因为这些钢材加热处理不当，会使其强度降低。对弯曲横梁冷法拉直可能导致板件撕裂或拉断。然而对小的撕裂，可用焊接的方法修复，但必须合理地考虑零件是修理还是更换。如果结构部件扭绞，即弯曲超过90°，该零件应该更换。如果弯曲小于90°，可能拉直并且能够满足设计强度，该零件可以修理。用简单的方法拉直扭绞零部件可能会使汽车结构性能下降。

(4) 菱形损坏

菱形损坏就是一辆汽车的一侧向前或向后发生位移，使车架或车身不再是方形。如图5-14(d)

所示，汽车的形状类似一个平行四边形，这是由于汽车碰撞发生在前部或尾部的一角或偏离质心方向所造成的。明显的迹象就是发动机罩和车尾行李舱盖发生了位移。在后驾驶室后室侧围板的后轮罩附近或在后侧围板与车顶盖交接处可能会出现折皱。折皱也可能出现在乘客室或行李舱地板上。通常，压溃和凹陷会带有菱形损坏。

菱形损坏经常发生在非承载式车身汽车上。车架的一边梁相对于另一边梁向前或向后运动。可以通过量规交差测量方法来验证菱形损坏。

（5）扭曲

扭曲即汽车的一角比正常的要高，而另一角要比正常的低，如图5-14（e）所示。当一辆汽车以高速撞击到路边或高级公路中间分界的安全岛时，有可能发生扭曲型损坏。后侧车角发生碰撞也常发生扭曲损坏，仔细检查能发现板件不明显的损坏，然而真正的损坏一般隐藏在下部。由于碰撞，车辆的一角向上扭曲，同样，相应的另一角向下扭曲。由于弹簧弹性弱，如果汽车的一角凹陷到接近地面的程度，应该检查是否有扭曲损坏。当汽车发生滚翻时，也会有扭曲。

只有非承载式车身汽车才能真正发生扭曲。车架的一端垂直向上变形，而另一端垂直向下变形。从一侧观察，可以看到两侧纵梁在中间处交叉。

承载式车身汽车前后横梁并没有连接，因此并不存在真正意义上的"扭曲"。承载式车身损坏相似的扭曲是，前部和后部零件发生相反的凹陷，如右前侧向上凹陷，左后侧向下凹陷，左前侧向下凹陷而右后侧向上凹陷。

要区别车架扭曲和车身扭曲，因为它们的修理方法和修理工时是不同的。对于承载式车身汽车而言，在校正每一端的凹陷时应对汽车的拉伸修理进行评估。对于非承载式车身汽车，需要两方面的拉伸修理，汽车前沿的拉伸修理和汽车后端的拉伸修理。

任务二 碰撞损伤的检验与测量

一、碰撞损伤分区检验

在进行车辆碰撞区损伤诊断时，可将车辆分成多个区域，逐一检验诊断，不同的区域应采用不同的诊断方法。通常将汽车分为5个区域，分别如下：

区域1：直接碰撞损伤区，又称为一次损伤区，如图5-16（a）所示。

区域2：间接碰撞损伤区，又称为二次损伤区，如图5-16（b）所示。

区域3：机械损伤区，即汽车机械零部件、动力传动系统零部件、附件等损伤区，如图5-16（c）所示。

区域4：乘员舱区，即车厢的各种损坏，包括内饰件、灯、附件、控制装置、操纵装置和饰层等，如图5-16（d）所示。

区域5：外饰和漆面区，即车身外饰件及外部各种零部件的损伤，如图5-16（e）所示。

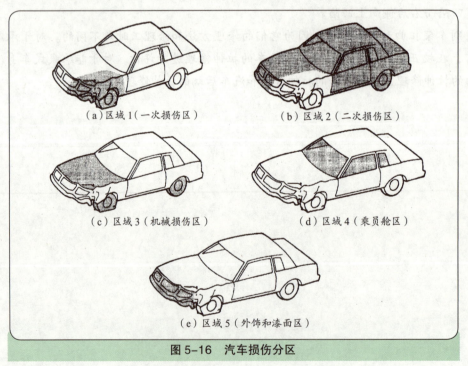

图5-16 汽车损伤分区

当使用检验区概念时，应遵从下列原则：

1）检查应从车前到车后（在追尾碰撞的情况下，从车后到车前）。

2）检查应从车外到车里。首先列出外板、装饰板，然后列出车下结构嵌板和附件的损坏。

3）首先列出主要总成，然后列出比较小的部件以及未包含在总成里的附件。

二、区域1(一次损坏区)的检验与测量

该区域系统性检验的第一步是检视,然后列出汽车碰撞直接接触点的车身一次损坏。由于车辆结构、碰撞力和角度以及其他因素的差异,一次损坏区域是多种多样的。大致上,一次损坏会造成翼子板变形和开裂以及零部件破碎。一次损坏是可见的,不需要测量,如图5-17所示。

图5-17 一次损坏

在前部碰撞的情况下,检查区域还包括(可能更多)保险杠系统、散热器格栅、发动机罩等。

区域1检验应首先检查外板和塑料镶板、玻璃、漆面和外板下的金属结构件,如保险杠、车灯、玻璃、车门、车轮、油液泄漏等。

如果碰撞点在车辆后部,应注意后保险杠系统、后翼子板、行李舱盖、车灯、玻璃、车轮、油液泄漏等损坏。如果碰撞点在车辆侧面,应注意车门、车顶盖、玻璃、立柱、底板、支撑件、油液泄漏等损坏。在列出外板损坏之后,举升车辆,检查车底板、总成系统,如发动机托架、结构支撑件、纵梁等处的损坏。

检查损坏区域时,注意检查裂痕、边缘损坏、点焊崩开、金属变形等各项。应特别注意结构件,因为车辆强度依赖于整体结构,所以如果车辆要继续使用并恢复到初始状态,则所有小裂痕、撕裂或开焊都必须予以适当修理。

三、区域2(二次损伤区)的检验与测量

1. 二次损伤机理

二次损伤是指发生在区域1之外,并离碰撞点有一段距离的损坏。二次损伤是在碰撞力向汽车移动的过程中形成的,也就是碰撞力从冲击区域延伸到车身毗连区,并且碰撞能在向毗邻钣金件移动的过程中被吸收。碰撞力传递到较大范围的区域,使汽车的任何零部件均可能受到影响。

撞击力在汽车上传递距离和二次损坏程度取决于碰撞力的大小和作用方向以及吸收碰撞能的各个结构件的强度。许多承载式汽车车身被设计成能压溃并能吸收碰撞能的结构,以保护车内乘员。这些区域是二次损伤的多发区。

二次损伤也可由传动系和后桥的惯性力造成。由于车辆因碰撞突然停止,惯性质量还向前运动,机械零部件的惯性力全部作用到固定点和支撑构件上。毗邻金属可能发生皱褶、撕裂或开焊。因此,必须注意检查悬架、车桥、发动机和变速器固定点。

二次损伤有时不容易发觉。但它仍有一些可见迹象,二次损伤分析一般依赖于测量。

2. 二次损伤的标志

二次损伤常见标志有钣金件皱曲、漆面褶皱和伸展、钣金件缝隙错位、接口撕裂和开焊等。

对于遭受猛烈的前部碰撞，检查前风窗玻璃立柱和车门窗框前上角区域之间的缝隙是否增加，比较左、右两侧。

检查外板是否翘曲，严重碰撞通常会导致车顶盖在中心向后翘曲。如果车辆有天窗，应检查开口拐角处是否弯曲。外嵌板挠曲是在结构嵌板内发生了二次损伤的标志。检查位于后轮挡泥板上和后车门后面的后立柱是否开裂和挠曲。还要检查在后车门柱下的后翼子板是否挠曲，这是后车身横梁可能已弯曲的迹象。

开起发动机罩和行李舱盖，检查漆面是否存在油漆皱纹，覆盖焊点的保护层是否开裂。注意观察嵌板焊接处，变形和撕扯将拉伸焊缝周围的金属，造成油漆松散。

3. 二次损伤的测量

（1）测量工具

测量二次操作部位可使用钢卷尺和滑规式测尺（图5-18）进行。滑规式测尺一次测量一个尺寸。测量值必须记录并通过另外两个控制点进行互相校核，其中至少一个为对角线测量值。滑规式测尺的最好测量区是悬架上的附件和机械零部件的装配点，因为它们对校准至关重要。

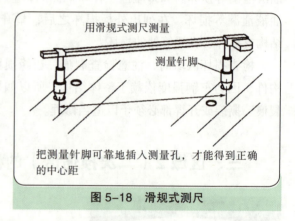

图 5-18 滑规式测尺

（2）车身前部的测量

当车身前部因碰撞损坏时，应测量前部钣金件的尺寸以确定损坏的程度。即使车身只有一侧受到碰撞，另一侧通常也会损坏。因此，必须测量变形的程度。图5-19给出了车身前部的主要控制点。各尺寸可从该车型维修手册中查得。

注意检查那些对称的尺寸。对称是指测量点相对中线是相等的，在某些情况，被测量两点是不对称的。当车辆有对称的测量点时，不用逐一检查每一个尺寸。在这种情况下，只需测量说明书中规定的几个测量点。

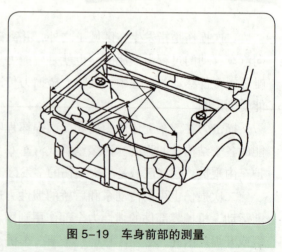

图 5-19 车身前部的测量

当用滑规式测尺检查汽车前部尺寸时，测量点的最好区域应选在悬挂系统装配点和机械构件上，因为这些点对正确定位调整至关重要。每个尺寸应用两个参考点进行校验，其中至少一个参考点由对角线测量获得。尺寸越大，测量就越准确。例如，从发动机下前围区到发动机托架的前支座的测量比从一个下前围区到另外一个前围区测量得到的结果更准确，这是因为比较长的尺寸是在车辆比较大的区域中得到。每个控制点测量两次或多次可以保证数据比较准确，并有助于识别嵌板损坏的范围和方位。

(3) 车身侧面的测量

车身侧面结构的任何毁坏和变形都能在打开和关闭车门时发现。应注意因变形位置不同而可能造成的漏水问题。因此，一定要采取正确的测量方法，主要用追踪式滑规测尺来测量车身侧板，如图5-20所示。

如果车身（零部件安装孔或参考孔）左、右对称，测量对角线则通常可发现是否存在变形，如果缺少发动机舱和车身下部的数据，或者没有车身尺寸图或车辆在翻车中严重损坏，可以使用这种测量方法。车辆的两侧都受到损坏或发生挠曲时，对角线测量法就不适用了，因为左、右对角线尺寸差别不能测量。如果左边和右边的损坏一样，显然左、右对角线尺寸差也不会明显。

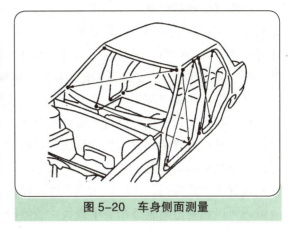

图5-20 车身侧面测量

测量并比较左侧和右侧的长度，可以更好地说明损坏情况（此方法应与对角线测量法同时使用）。这个方法可以应用于左侧和右侧对称零部件的情况。

(4) 车身后部的测量

当打开和关闭行李舱盖时，车身后部的任何损坏都可以通过外形和不对称粗略地加以评估（如拍摄照片）。由于变形位置和可能漏水，因此必须采用正确的测量方法（图5-21）。此外，后底板的皱褶通常由后边梁扭曲所致。因此，车身下部和车身后部均应测量。这样才能高效地进行矫正作业。

当使用滑规式测尺时，必须注意下列各项要点：

1）测量点应为车辆上的装配点，如螺栓、螺塞或孔口。

2）点到点的测量是两点间的实际测量尺寸。

3）滑规杆应该与车身平行。这可能要求把滑规杆的测头设定在不同长度的位置。

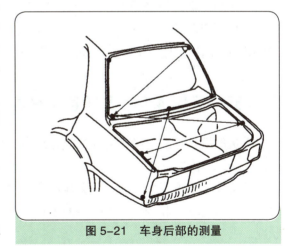

图5-21 车身后部的测量

四、区域3（机械损伤区）的检验与测量

完成车身一次损坏和二次损坏的检查后，应把注意力集中到区域3——车辆机械零部件。如果车辆在正面碰撞中已损坏，则检查在发动机罩下的散热器、风扇、动力转向助力泵、空气滤清器、发电机、蓄电池、燃油蒸汽吸附炭罐、风窗刮水器贮液罐以及其他机械零部件及电气元器件是否已损坏。检查液体是否泄漏，带轮和传动带是否对正，软管和线束是否错位以及是否存在凹痕和裂痕等损坏迹象。

根据碰撞严重程度，发动机和变速器也可能会发生损坏。若可能则应起动发动机，并使发动机暖机至正常工作温度。将车辆举升，使轮胎离开地面，让发动机在各挡运行，观察是否存在任何不正常的噪声；如果汽车装备手动变速器，则应检查换挡和离合器操作是否平顺。观察节流阀、离合器结合、变速器等传动杆件是否存在干涉现象。

打开空调并确定是否工作正常。检查仪表灯、充电指示表、机油压力指示灯等。发动机自检指示灯及其他设备也可以指示发动机罩下面是否发生机械和电气故障。越来越多的新式汽车装备了可进行自诊断的发动机计算机控制系统。计算机系统中的自诊断电路已编程，在某些工作条件下会输出故障码。早期自诊断系统需要利用包括电压表、电子扫描工具或其他诊断仪器来获得并显示故障码。一些新式汽车可以在仪表板或一个小荧屏上显示故障码。自诊断指令和故障码可以到制造商服务手册中查找。故障码给出某特定系统所发生的故障，这个信息对精确寻找和查证损坏非常有用。

机械损坏有时不是由直接碰撞造成的，而是二次损伤的结果。发动机和变速器均具有很大的质量，在碰撞过程中它们的位移可能会很大，从而造成附件和车身下部其他零部件的损坏。因为动力传动系几乎能够复原到其原始位置，所以二次损坏有时不会立刻引起注意。检查发动机支座是否损坏，带轮和传动带是否对正，软管和接头连接是否松动。

在检查发动机罩下的情况之后，举升车辆并用支架支承车辆。然后依次检查转向系统零部件和悬挂系统零部件是否弯曲，制动软管是否弯折，制动管、燃料管以及接头是否泄漏。检查发动机、变速器、差速器、齿轮齿条转向器或转向齿轮箱以及悬架滑柱是否泄漏。将转向轮从一端转到另一端并检查是否存在卡阻和噪声。转动车轮以检查它们是否偏摆、切口、划伤和撞伤口，放下车辆使轮胎落地，并调整转向盘，使车轮摆正。测量车辆前轮毂到后轮毂的距离。左侧和右侧测量值应完全相同。如果不等，则转向或悬架零部件损坏。

五、区域4（乘员舱区）的检验与测量

乘员舱损坏可能是碰撞造成的直接结果，如侧面碰撞。内饰和配件的损坏也可能是由车厢内的乘员或物体造成的。

从碰撞接触点开始检查。如果碰撞造成围板或车门柱损坏，这些损坏可能波及仪表板、加热器芯和分送管、收音机、电子控制模块、安全气囊等。检查在区域3检验中未检查的零部件状况。

检查转向盘是否损坏。检查其固定硬件、倾斜和伸缩特性，检查扬声器、前照灯、转向信号开关、点火开关和转向盘锁。将车轮指向正前方并保证转向盘处于正中的位置。如果转向盘是吸能型的，应确定它没有被压溃。

检查各把手、操纵杆、风窗玻璃和内饰是否损坏。打开再关上并锁上门锁，检查它是否被撞歪。检查制动踏板是否弯曲、卡滞或软绵无力。移开地毯并检查底板和底壳上的铆钉是否松动、焊缝是否开裂。

检查座椅是否损坏。在从前向后的碰撞中，乘员身体因被安全带约束在座椅上可能造成对座椅调节器和安装硬件的损坏。在后部碰撞中，座椅铰链点可能被损坏。检查座椅调节器的整

个行程，以确定它是否完好。

检查车门是否损坏。扶手、内饰板和门内板可能因乘员动量损坏。如果碰撞发生在侧面，则门锁和窗户调节器可能已损坏。在前部正面碰撞中，风窗玻璃可能完全损坏并脱落，这时应返回检查是否存在卡滞和干涉现象。摇低车窗并确定车窗与车门平行。确定所有的配件，如电子门锁和防盗系统、车窗控制器、中央控制门锁和后视镜控制器的工作是否正常。

检查乘员约束系统。如果汽车装备了被动约束系统，则应确定安全带收紧和释放是否完全自如，有无黏滞或滞后现象。检查座椅安全带锁紧装置是否安全可靠。确定主动系统中的腰带和肩带是否容易扣紧和解开。确定卷收器、D形环和卡环是否损坏。有些座椅安全带有拉紧感应标签，如果在碰撞中使用了安全带而且安全带上的张紧力超过设计界限，标签破裂，标签破裂的安全带必须予以替换。

六、区域5（外饰和漆面区）的检验与测量

在彻底检查车身、机件、内饰和配件之后，再环绕汽车转一圈并列出饰件、模件、车顶盖材料、漆面、轮罩、示宽灯和车身其他配件的损坏。

接通车灯并检查前照灯、尾灯、转向信号指示灯和闪光灯。由于碰撞造成的振动经常会导致灯丝损坏，尤其当碰撞发生在车灯亮着时。

如果漏检了区域1或区域2的减振器，则现在应该检查它们。检查装饰板和防尘罩是否开裂、碰撞吸能器是否遭受碰撞或泄漏，以及橡胶缓冲垫是否损坏。

仔细地检视漆面情况。记下哪一块嵌板需要进行表面修整并列出特殊的措施，如浅色涂料、软化塑料零件和表面除锈。嵌板轻度损坏可能仅仅需要喷漆修复，有些修理可能需要喷涂一块或更多的嵌板。不管哪一种情况，都要花费时间进行调漆，使新的漆与车身上未损坏部分的颜色一致。严重损坏或油漆老化的车辆可能需要全部重新喷漆。

任务三　主要零部件损伤评估

一、车身板件损伤评估

在许多交通事故中,车身的金属板件、塑料板件、装饰件、风窗玻璃等经常发生损伤,评估中必须对这些损伤进行准确评估。

1　保险杠

保险杠的功能是保护车辆避免因汽车低速碰撞造成车身前部和后部损坏(图5-22)。

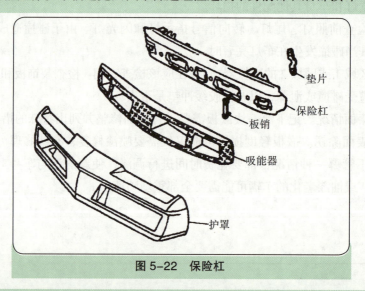

图5-22　保险杠

传统保险杠由厚弹簧钢板材制成并镀铬。镀铬弹簧钢保险杠现在仍用于高级轿车、厢式汽车和货车中。但是,大多数轿车已装备了塑料保险杠,这些塑料可以是氨基甲酸酯、聚合碳纤维或合成材料。这些塑料护罩可以着漆,使之与汽车装饰相匹配。当保险杠护罩由散热器格栅、前装饰板和下导流板集成为一体时,则被称为保险杠装饰板。一些紧凑型轿车配备了铝制保险杠,货车一般配备着钢制保险杠。

镀铅保险杠损坏时,通常应予以更换。镀铅装饰件承受冲击时容易破裂、碎裂。损坏的保险杠经常需要重新镀铬,这种保险杠的恢复修理作业只有专业保险杠修理厂才能胜任。当镀铬保险杠需要更换时,若汽车使用不超过两年,保险公司可要求用新原厂件更换。如果汽车使用超过两年,通常损坏的保险杠会用一个重新镀铬的保险杠或拆车件予以更换。用修复保险杠比用原装新件可节省25%~40%的费用。

钢制保险杠可用碰撞修复设备矫正和修复。铝制保险杠轻微碰撞时也可被矫正。擦伤和轻微刮伤的铝制保险杠常常可以经抛光来恢复铝的光泽。但是，当着漆的钢制或铝制保险杠的修复费用超过换新原厂件的50%时，许多保险公司则会要求用修复件或LKQ（同类同品质）件更换。

塑料保险杠损坏时，经常伴随护罩的损坏。这些塑料部件可以用原厂件、拆车旧件或LKQ件更换。然而，如果撕裂或破洞很小时，损坏部分可以用塑料焊接或环氧修复剂修复。如果聚碳酸酯保险杠损坏深及加强件（箱式内部区域）时就必须更换。加强件即使微小损坏也不可修复。

塑料也可用于保险杠的其他部分，如扰流板、壁板和其他嵌板。这些部件也可用塑料焊接修复。这些件一般价格较低，可以简单更换。

某些保险杠设有简单的小盖罩，用于遮挡保险杠两端的暴露部分。这些部件为橡胶或钢制成的，大轿车镀铬保险杠经常在前部安装护罩。一旦遭受损坏，保险杠护罩和橡胶缓冲垫必须予以更换。

一些车辆在前保险杠后设有加强件，这种厚钢梁为汽车前部提供额外保护，如果加强件损坏，则应该更换。一些车辆将前保险杠安装在碰撞吸能器上，碰撞吸能器有橡胶型、充气型、充液型等类型。吸能器损坏时，必须更换。

保险杠评估工时主要分为拆卸和安装工时、保险杠大修工时。

拆卸和安装工时包括拆卸和重装保险杠总成的时间，拆卸和安装是更换吸能器或修理车身围板所必需的作业；拆卸和安装工时也包括在车辆上对保险杠总成进行校正的工时。除非车损报告中加以特别说明，否则拆卸和更换保险杠的工时也包括拆卸和安装或更换保险杠吸能装置的工时。拆卸和更换工时也包括把新保险杠安装到车辆后进行校准的工时。如果使用修复件时，允许增加将保险杠安装到车辆上的工时。

大修工时包括从车辆上拆卸保险杠总成、分解保险杠、更换损坏部件、解体零部件和把保险杠重新安装到车辆上等的工时。

2. 发动机罩

发动机罩位于发动机舱两侧翼子板之间，用于保护发动机免受灰尘和湿气侵袭，也能吸收发动机噪声。发动机罩通常由冷轧板材制成，现代车辆上也使用铝制玻璃纤维和塑料罩。

典型的发动机罩（图5-23）由一块外板和内板构成，内外板外部边缘通过点焊连接，内外板的结合面用胶粘剂粘接到一起。一个枢轴或闩眼固定在发动机罩前缘的下面，发动机罩关闭时起到锁止作用。

双板结构发动机罩的变形很难矫正。当发动机罩必须更换时，原厂件、修复件配件或同类同品质件皆可。同时装有铰链、嵌条和闩眼的旧发动机罩还可作为总成使用。

发动机罩的拆卸和更换工时包括拆卸和更换发动机罩、拆卸和安装发动机罩降噪层以及将发动机罩装到铰链上加以调整的工时（如果发动机罩没有损坏而只是移位，则调整工时为0.5 h）。

闩眼和降噪层包括在发动机罩拆卸和更换工时内。但是，发动机罩锁扣、安全锁扣、释放缆索、嵌条不包括在内，这些作业必须单独记录。闩眼、锁扣和安全锁扣属于安全项目，损坏时必须予以更换而不是修理，缆索损坏时也必须更换。

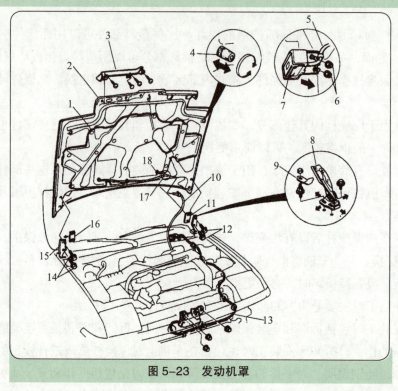

图 5-23　发动机罩

1—发动机罩消声层；2—发动机罩；3—发动机罩边缘护条；4—发动机罩边缘缓冲垫；5，13—发动机罩开起拉索；4—紧固螺母；7—发动机罩开起按钮；8，15—发动机罩铰链；9—固定组件；10—风窗玻璃清洗液软管；11，16—铰链垫片；12，14—发动机罩铰链螺杆；17—Y 形接头；18—风窗玻璃清洗液喷嘴

铰链轻微损坏时可以修理，而当铰链严重歪曲或扭曲时就需要更换。如果同时更换发动机罩和铰链，则应从作业工时内减去重复时间。铰链拆卸和更换工时是在假设发动机罩已拆卸的情况下计算的。

3. 翼子板

车辆翼子板用螺栓固定在临近的支撑结构板上。对于承载式车身，翼子板固定在侧围板、护板、散热器支架以及挡泥板上。翼子板与发动机罩、前板和保险杠总成一起形成车身前端的外表面轮廓。图 5-24 所示为翼子板及其附件分解图。编写车损报告时，应考虑每个零部件。

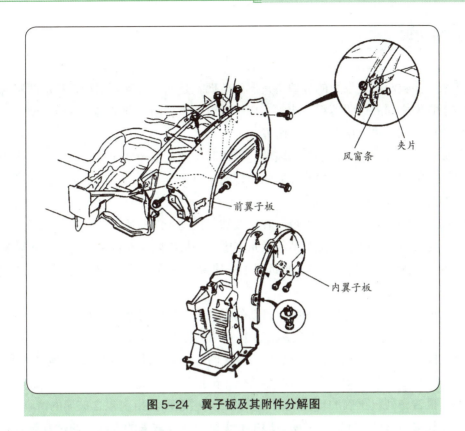

图 5-24 翼子板及其附件分解图

　　翼子板损坏属于担保责任更换时，可用原装件、修复件或同类同品质件。翼子板拆卸和更换工时包括如下作业：

1）翼子板的拆卸和更换。
2）松开保险杠和装填板件（必要时）。
3）与翼子板相连接的所有部件的拆卸和安装。
4）标准配备车灯（辅助标志等）的拆卸和安装。

下列这些作业未包含在翼子板拆卸和更换工时之内：

1）表面修整。
2）从损坏件上拆下粘接嵌条、商标、厂标和车标，然后装到新件上。
3）胶带、图案或覆盖层作业。
4）安装天线。
5）拆卸和更换内板件和轮罩。
6）调整前照灯。
7）为安装嵌条、商标、天线钻孔。
8）拆卸和安装后视镜。
9）涂漆和防腐材料的作业。

4. 风窗玻璃

近年来，多数汽车上采用的玻璃不是层压玻璃就是回火玻璃。层压玻璃由两层薄玻璃片和一层位于它们之间的透明塑料组成，它用于风窗玻璃。当这种玻璃破碎时，塑料材料将把这些碎片约束在原位并防止它们造成伤害。

回火玻璃是一种单层热处理过的玻璃，破碎时将散落成一些小片。然而，它比普通玻璃更有抗碰撞的能力，常用于侧面或后面的窗玻璃，但千万不要用于风窗玻璃。这是因为回火玻璃破碎的时候，将碎成许多小片。

层压玻璃和回火玻璃都可以染色。着色玻璃包括遮光的乙烯树脂材料，可以滤去大部分的太阳光。这类玻璃有助于降低眼睛的紧张程度，并可以防止车内部褪色。一些风窗遮挡上以降低耀眼的阳光，方法是在风窗的顶部横上一块染成深色的区域。如果汽车要装空调设备，通常要求采用染色玻璃。

玻璃上也可安装除霜系统或天线，自动除霜玻璃有导电栅格，其看不见但能够传导电流层以加热玻璃。栅格类型用于后窗，风窗采用透明的导电介质。

收音机接收用的车窗天线的导线装在层压玻璃（风窗）的两层之间或印刷在玻璃（后窗）的表面上，一些玻璃上的天线导线和加热导线并排布置着。

在车损报告中列出正确的玻璃类型是重要的。碰撞评估指南包含玻璃的清晰度、色调、色差、加热装置等信息，同时应说明玻璃中有无被引入或嵌入的天线。通过看玻璃上的标签能辨认出玻璃类型。

在许多承载式车身车辆上风窗玻璃被视为承载式结构的一部分。它使车身更加坚固。这些风窗玻璃用氨基甲酸乙酯胶粘剂固定。当更换用胶粘剂固定的玻璃时，全部原有的胶粘剂必须清除，新胶粘剂涂在夹缝焊接处。更换使用胶粘剂的风窗玻璃与更换使用简便方法的传统风窗玻璃相比较，作业时间通常较长。

车损报告必须包括胶粘剂和其他安装材料的费用。如果风窗玻璃由氨基甲酸乙酯固定，则碰撞评估报告会给出胶粘剂的价格，此费用必须包含在车损报告中。风窗拆卸和更换工时包括拆除露出的嵌条和装饰件，也包括去除玻璃上的胶粘剂。而去除玻璃框夹缝焊接处的胶粘剂以及清除撞破的玻璃都不包含在内。如果后视镜安装在玻璃上，其拆除也要记入作业费用中。如果刮水器的存在妨碍风窗玻璃的拆卸，则刮水器臂的拆卸和安装包含在风窗玻璃的拆卸和更换中。

5. 车门

车门是非常复杂和昂贵的车身板件之一。典型车门是由内板件和外板件（也称外壳）组成的（图5-25）。板件通常由金属薄板制成，但外壳也可用金属材料、玻璃纤维或塑料制成。外壳被焊接或卷曲粘接到内板件上，加强件被焊接在车门外壳内侧。加强件也称侵入杆，它由高强度钢板制成。这种结构能阻止碰撞使车门弯曲而伤及车内乘员。车门通过铰链连接在车门锁柱上（前部或内部）。许多车门用螺栓固定到铰链上，而铰链用螺栓固定或焊接在立柱上。

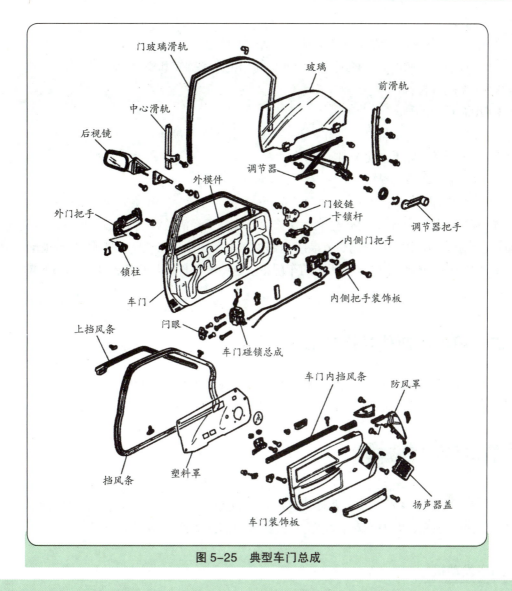

图 5-25 典型车门总成

  除了板件、外面板及铰链,一个典型的车门总成还有许多附件和内部构件。从门外观上看,包括车门把手、锁芯、门闩、车门镜、嵌条、贴纸、车标、饰条和涂层。车门框架内部有窗玻璃、玻璃导槽、调整器(手动或电动)、线束、门锁机构以及外后视镜的控制件。并非所有的门板内部表面都被汽车饰板覆盖。门把手、肘靠、控制板、车窗手动调解器也安装在车门内侧。车门外板件使用吸盘、杠杆和撬、焊机、撞杆进行修理。如果损坏严重,车门外面板能单独更换。应视具体情况决定修理程序,而不是更换车门。

  车门外面板拆卸和更换的作业包含如下:
1)车门的拆卸和安装。
2)内装饰板的拆卸和安装。
3)连接件的拆卸和更换。
4)车门外把手、锁芯、车门边缘风雨密封条的拆卸和更换或拆卸和安装。
5)更换夹式嵌条。

车门外面板的拆卸和更换所列工时不包括以下作业：
1）门玻璃、金属件、后视镜、导槽的拆卸和更换或拆卸和安装。
2）更换隔音材料。
3）锁芯重新编码。
4）粘接类型的外部饰条的拆卸和安装，或安装新的粘接饰条。
5）安装饰条、贴纸、更换件或涂层。
6）为安装外部饰条钻孔。
7）整修板件。

如果碰撞损坏了车门，已经达到无法修复或修复不经济的程度，就应更换新车门。车门外面板包含在新车门内，新车门也安装了内部加强梁和其他的加强件。然而，风窗玻璃、导槽、调整器和其他车门附件不包含在所卖的车门中。这些零部件需从报废汽车上拆卸下来，移装到新车门上。

二、机械零部件损伤评估

在一些交通事故中，除了车身板件和塑料件常出现损伤外，发动机、传动系、转向系、悬架、制动系、空调、冷却系等机械零部件也常发生机械损伤。

1. 动力传动系统

动力传动系统一般分为前轮驱动式和后轮驱动式两种。碰撞时，两种动力传动系统的损伤是不一样的。下面以前轮驱动式动力传动系统为例，说明其碰撞损伤评估。

（1）发动机

前轮驱动汽车安装横置发动机，一般分为直列4缸、V形6缸或V形8缸。碰撞可能对发动机内部零部件造成破坏。如果横置发动机汽车在保险杠以上遭受严重碰撞，则可能造成气缸盖和顶置凸轮轴损坏。在碰撞中可能会损坏发动机带轮、传动带、发动机支座、正时罩盖、油底壳和空气滤清器等外部零部件。

曲轴带轮通过传动带将能量传递给其他辅助设备，如空调压缩机、动力转向泵以及水泵。发动机支座将发动机固定在一个特定的位置上并且有效进行隔振。支座通常位于发动机的左侧、右侧和前侧。一些发动机在后侧也设有支座。正时罩盖保护正时齿轮或正时齿形传动带。油底壳是容纳发动机润滑油的一个沉淀槽。空气滤清器的作用是净化吸入发动机的空气。

对于侧面碰撞，下纵梁有足够的移动量而使带轮弯曲，然后反弹回原位。当检查损坏时，应该知道即使在纵梁和带轮之间有间隙，带轮也可能已损坏。最好在发动机起动时，观察带轮是否摆动。已损坏的带轮不能修复，必须予以更换。如果带轮已损坏，则水泵或者空调压缩机或者任何附在带轮上的零部件都有可能已损坏。检查零部件是否正常工作以及是否泄漏。应该注意在评估时评估损坏的可能性。应检查传动带是否有撕裂现象。

发动机支座可能在正面或侧面碰撞中遭受严重的损坏。在碰撞中下纵梁和散热器支架以及附在其上面的任何零部件都可发生易位。发动机支座经常以这种方式弯曲。观察支座、发动机以及纵梁的位置。通常，支座与发动机和纵梁以直角方式连接。除了直角外，任何角度均表示发动机或纵梁发生了位移。通常要对纵梁进行修理使其恢复到适当的角度。如果支座变形，也应该予以更换。支座在严重碰撞中会产生破碎现象。应该在举升发动机后，再对支座进行检查。如果发动机上移，则表明支座可能已破损。为了检查自动变速器汽车的发动机支座是否损坏，应起动发动机，踩下制动踏板，并使汽车处于驱动状态。不松开制动器，但是轻轻地踏下加速踏板。如果发动机弹起，则表明支座可能已损坏，应更换破碎或者弯曲的发动机支座。

如果正时罩盖或油底壳是冲压薄板材料制作的，并存在轻微碰痕，可以将其拆卸下来进行修理并对表面抛光。已损坏的正时罩盖或油底壳由铸铁或铸铝以及薄金属板材制成，如果已严重损坏，则应该予以更换。空气滤清器时常固定在散热器支架的后边。正面或侧面碰撞均很容易损坏空气滤清器。因为这些损坏不容易发现，所以应进行仔细检查。空气滤清器的塑料壳或固定支架可采用塑料胶粘剂进行修复。

（2）变速器

1）手动变速器。很多汽车都安装了5个前进挡，包括1个超速挡和1个倒挡的5速变速器。变速器安装在铸铝壳体内。变速驱动桥的内部零部件是齿轮、离合器总成和换挡拨叉等，其外部零部件是变速杆、离合器操纵总泵和离合器操纵从动泵。在正常工作时，变速驱动桥和液压离合器必须有润滑液，并且操纵杆件必须正确定位。碰撞会造成变速器壳开裂损坏，破坏液压系统，或者造成操纵机构定位失准。将汽车举升起以检查在变速器的结合处是否有漏液现象。任何形式的损坏都必须予以更换。

2）自动变速器。自动变速器由一组或多组行星齿轮、制动带、伺服机构、离合器、半轴齿轮和液压泵组成。这些零部件均被安装在变速器壳和盖里。此外，如果变速器壳已破碎或开裂，则变速器壳应予以更换。自动变速器底部装有一个冲压的钢制油底壳用来储存润滑液。如果油封部位受损，则应将它拆卸下来，进行矫形，加上新密封垫后，重新安装到变速器壳上。若该油底壳受损后拆卸下来，则其内部零部件也要进行检查。

如果变速器外部零部件受损，或者怀疑内部零部件已损坏，则变速器应该解体并加以检查。因为磨损可引起变速器不能正常工作，所以，客户和保险公司应该提前达成协议，确定谁支付解体检查费用。典型情况为，如果问题由碰撞所致，则保险公司需要支付费用；如果磨损是导致故障的原因，则应由客户支付费用。然而，为了查找故障，并不需要将变速器从汽车上拆卸下来。事实上，许多修理作业都不需要将零部件从汽车上拆卸下来就可以完成。

如果变速器在汽车驻车制动状态下被碰撞，则可能会损坏驻车制动棘轮，该棘轮被设计成在其他任何零部件损坏前就应损坏。

（3）传动轴（半轴）

前轮驱动汽车发动机发出的动力经两个传动轴或半轴传到驱动轮。为了能使车轮转向，每个半轴有两个等速（CV）万向联轴器，半轴的两端均与相应的万向联轴器相连接。每个等速万向联轴器均由球笼、轴承、驱动件或三销轴、壳体和防尘罩组成。防尘罩内储有润滑脂以保证正常工作。作用在驱动轮上的严重撞击会将半轴从变速驱动桥中拉出，严重时会损坏等速万向联轴器。只要有一个驱动轮遭受损坏，就需要对半轴加以检查。检查防尘罩是否损坏。拉动半轴，检查是否松动。防尘罩和等速万向联轴器损坏可予以更换。在某些情况下，整个车轴都应予以更换。

2. 冷却系

冷却系主要由散热器、水泵、水套、风扇、散热器盖、软管、节温器、水温表、风扇罩等零件组成。

对于碰撞修理来说，冷却系中最容易损坏的零件是散热器，这是由于它位于散热器格栅与发动机之间。散热器在碰撞中会遭受各种各样的损坏，但最常见的是散热器芯的损坏。风扇可能仅仅打坏散热器芯表面（一般容易修复），也可能彻底损坏散热器芯，这取决于碰撞的严重程度。碰撞中被挤压扁的散热片可以用专用工具进行校正，对不是太难矫形的扁管可通过焊接修复。但是，如果散热片出现大面积的松动或许多扁管被压瘪或破裂，则建议更换一个新散热器芯。通常修复一个散热器的费用是更换一个新散热器费用的50%。

有时散热器似乎在碰撞中没有任何可见的损坏。但是，碰撞很可能使软管接头沿着卷边或芯座产生细微裂纹。如果怀疑存在隐蔽损坏（散热器中的冷却液液位低时不会有明显的损坏），应加压测试散热器是否泄漏。

更换散热器的作业工时包括如下时间：
1）排放冷却液，检查和重新加注冷却液。
2）拆卸和重新连接软管。
3）拆卸和重新装配电动风扇总成。
4）拆卸和重新连接传输管路。
5）拆卸和重新安装风扇罩。

不要重新修复或者使用一个已弯曲或损坏的风扇叶片。已损坏或者弯曲的叶片应该用一个新叶片予以更换。

已损坏或弯曲的风扇离合器同样也要更换，这是一个不可修复的零件。如果水泵叶轮轴或轮毂已损坏，它也同样应该予以更换。由于风扇罩通常由塑料制成，如果风扇罩损坏不严重，通常可以采用塑料焊接的方法加以修复。

由于传动带和软管是柔性的，因此一般不会因碰撞而损坏。然而，有时需要将完好的传动带从损坏的带轮上剪下来。同样，任何有裂痕、切痕、划伤或者磨坏的传动带都应更换。如果软管撕裂、扎破、割裂、龟裂、烧痕、擦伤或者软化，应予以更换。应特别注意散热器下软管。当水泵高速转动产生抽吸真空时，借助软管内部帘线强化以避免塌陷。如果下软管被挤压瘪，软管内会产生较强弹力。如果不更换软管，汽车高速行驶时将会发生过热现象。原车配套软管卡箍也应该与软管同时更换。聚丙烯风扇罩裂纹可以采用塑料焊接法焊接。

3. 空调系统

汽车空调主要由压缩机、冷凝器、储液/干燥器、制冷控制器、蒸发器等组成。

空调的大部分零部件在碰撞中都容易损坏。有些零部件可以修复，而有些则需要更换新件。

当压缩机在碰撞中被损坏时，首先会造成离合器和带轮总成的损坏。这些都可分别从压缩机上拆卸和修理或者更换。当损坏时，对压缩机本身也可以进行分解和修理。在压缩机前方有油封，其可以防止制冷剂和制冷润滑油从压缩机轴向外泄漏。当油封损坏时，应该及时将它更换下来。

冷凝器所处的位置，决定了它在汽车正面碰撞时容易损坏。其空气流动散热片就像散热器上的一样，也可以进行清洗或矫形，而其泄漏可采用锡焊加以修理。

当冷凝器损坏时，也应该检查集液器（干燥器）是否已损坏。如果干燥器损坏，则应该予以更换。如果系统在碰撞中以开口状态暴露于空气之中已有一段时间，则它也应该予以替换。

蒸发器、调温膨胀阀以及吸入节流阀在碰撞中很少损坏。如果蒸发器已损坏，其机壳和机芯可以更换。调温膨胀阀损坏也应该更换。如果吸入节流阀已损坏，更换和修理都可以。

无论何时进行任何操作，都需要拆卸一条制冷剂管，并且附加操作时间必须包括排空系统和填充系统需要的时间。当然，必须加上所有附属零件拆卸和重新安装所需的时间。制冷剂和制冷润滑油的价格也应该添加到价格评估中。

4. 前悬架

世界上的主要轿车生产厂家，从1980年开始，在新车型上采用带有麦克弗逊式支销独立悬架的前轮驱动装置；在有些车型上也将这种类似结构应用于后轮上。

有些轿车上采用扭杆式前悬架，这种悬架系统其弹簧是安置在控制臂和前横梁上，通过弹簧支架与横梁相连。其扭杆是安置在弹簧和主销的外边，并同时作用于在下部控制臂悬架系统的弹簧上。下部球铰链和控制臂的位置应使弹簧位于它们和弹簧支架之间，在弹簧支架上，弹簧支架应位于控制臂上部。

在有些轿车上，前悬架系统采用球铰链和弹簧悬架系统，其弹簧位于上控制臂和扭杆之间，扭杆可一直进入轿车前护板裙部内。这种悬架通常用于常规结构的轿车中，称为弹簧上置控制臂系统。

有些轿车（如Chrysler轿车）采用球铰链悬架系统，它与扭杆悬架系统一样，其下控制臂安置在扭杆上，控制臂的一端牢固地固定在支架上，另一端可以移动，当道路振动力作用于控制臂使其上下移动时，减振器起到减振和阻止将扭力传给扭力杆的作用。对于车辆的悬架系统，不是每次都需要对其进行校准的，除非其前部车架、扭力杆、下控制臂前部出现碰撞事故，或车轮被撞弯、轮胎被损坏时。无论在何种情况下，都必须认真地检查悬架系统，确保其无任何损伤,如果发现有任何部件已损坏,应分别予以更换。更换件可采用新件或使用报废车辆的未损坏件。在有些交通事故中,如轿车被辗压,如辗压位置在前悬架部位,还应检查调整前轮定位。

总之,在修理轿车前部时,应该没有任何部件被冷校或任何转向系统的连接杆件或前悬架部件被热校。如果必须校正这些部件时,应保证它们绝对可靠,而且这种校正方法是所有制造厂家都不允许采用的。

5. 转向系

现代轿车上大多采用齿轮-齿条式转向系统,它可以是无助力的或带有转向助力器的。在少数轿车上也有采用循环球式转向器的。循环球式转向器多用于无助力的转向系统上,它由循环的圆形滚道、钢球、螺杆、螺母副和齿条扇齿等组成,在螺杆螺母之间装有钢球。钢球一般分为两组,钢球随转向盘的转动而在螺杆螺母之间的滚道上滚动,并经各自的导管做循环运动,钢球驱动螺母使其在螺杆上上下移动。这种类型的转向机构在碰撞时,具有较高的防撞能力,碰撞时的冲击能量可通过转向传动机构传递给变速器。

所有的整体式动力转向系统均采用手动操纵,其助力作用是通过高压液压泵产生的液压来实现的。高压液压泵由发动机驱动,将高压油液经过软管输送到整体式动力转向器中。

对于采用齿轮-齿条式动力或非动力转向的转向器,其转向力是由转向盘经转向器轴、柔性联轴器传给螺旋形小齿轮的。小齿轮的转动带动齿条向左或向右移动,并通过转向传动装置驱动转向臂和转向轮。转向传动机构(或横拉杆)与齿条相连,这种齿轮-齿条式转向器,在现代轿车中已淘汰了其中的一些部件,如转向垂臂、连接臂和牵动连杆。

当汽车发生前部碰撞事故时,必须检查齿条和齿轮是否损坏,以及固定支架是否变形。所有手动或带动力转向泵转向机构的部件均应被仔细地检查,不允许有任何损伤被漏检。如果怀疑任何部件可能有内部损伤时,必须对转向系统进行仔细的检查和评估。

课题六 二手车收购评估与销售定价

【知识目标】

1. 学会二手车收购评估的方法；
2. 学会二手车翻新方法；
3. 能分析二手车销售市场环境；
4. 学会二手车销售定价的方法。

【技能目标】

掌握二手车的收购与销售的评估方法。

任务一　二手车营销与市场分析

一、二手车营销内容

二手车市场营销可理解为与市场有关的企业经营活动，即以满足人们的某种需要和欲望为目的，通过市场变潜在交换为现实交换的活动。二手车市场营销活动内容十分丰富，它包括市场营销研究、市场需求预测、车辆信息收集与发布、二手车的鉴定评估、收购与销售、代购代销、寄售租赁、检测维修、配件供应、车辆美容等多功能服务。

1. 二手车收购

二手车收购即对社会上的二手车进行统一的收购。要开展二手车的收购，首先就要建立起一个二手车的质量认证和价格评估体系。通过该体系对每一辆欲收购的二手车进行统一的质量认证和价格评估，从而以统一的价格标准收购符合质量要求的二手车。

能否成功发挥二手车收购功能的关键在于是否能建立起一个二手车的收购网络。这个网络可以由散点的二手车社会回收站和固定的大批量二手车的收购点两部分组成。前者主要是针对私车用户的待更新的二手车而设；而后者则是针对成批定期的二手车单位收购而设。如据调查上海的出租车公司，平均两至三年左右就要对其出租车进行一次大更新，这些开了两年左右的出租车在性能等方面尚还良好，但行驶公里数很高，出租车每日的高行驶公里数使这些车的维修和保养费用太高，而私人用户则不存在24小时的开车问题，因而已存在了出租车淘汰成二手私家车的可能性。由此可以随出租公司的出租车更新期定期、大批量地对这些车加以收购。

2. 二手车整修翻新

通过对二手车的整修翻新，可以大大地提升二手车的价值和二手车贸易公司在客户中的影响。目前，这项业务已在欧美国家广泛开展，德国的二手车贸易公司几乎全部均在销售的同时加上整修翻新业务，以提高收益率，创造公司整体形象。

二手车翻新的基本步骤：

（1）去除杂物、洗车（图6-1）

1）在进行车辆清洗前，应首先对车上各部位（包括发动机舱、驾驶室、行李舱）的杂物进行清理，使车上所有原配部件暴露出来，如去除发动机罩、车上座椅套、脚垫、储物盒内物品等，以便进行下一步工作。

2）为避免在车辆清洗时车上残存的灰尘与水混合形成湿泥，应对车上各位置的灰尘、污物进行彻底的清理。

3）洗车，使车身外观的各类污浊、损伤明显表现。

具体操作：

操作工具：硬毛刷、吸尘器、气枪、清洗剂、高压水枪、擦洗海绵、麂皮、毛巾。

保护工具：护眼罩、口罩、橡胶手套、橡胶鞋。

工作用时：0.5h。

工作内容：使用硬毛刷、气枪等对发动机舱边缘、内室地毯等部位进行清理；使用吸尘器除去灰尘、杂物；对内室地毯上的重污渍，喷涂清洗剂；使用高压水枪、清洗剂、擦洗海绵等进行洗车。

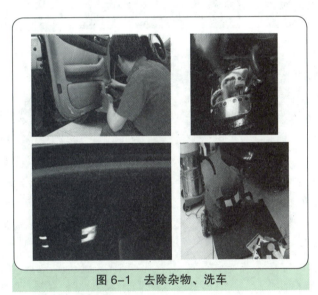

图 6-1 去除杂物、洗车

（2）清洗内室及行李舱（图 6-2）

1）内室存在不同的织物、皮革等材质，且有大量的缝隙和接口，因此需要非常细心的进行清理。

2）内室清洁应遵循由上至下，由内至外的顺序原则。

具体操作：

操作工具：软毛刷、地毯刷、小细刷、喷液罐、各种清洗剂。

保护工具：橡胶手套。

工作用时：3~4 h。

工作内容：车顶清洗；操作台清洗、养护（仪表板、空调出风口、转向盘、挡把……）；车窗玻璃清洗，存在玻璃贴膜的考虑是否去除原有贴膜（后窗贴膜去除时注意不要损伤后窗除霜加热丝）；座椅清洗、养护；地板清洗；四门清洗（内饰板、密封条……）；行李舱清洗（备胎、底板、行李舱盖、密封条……）。

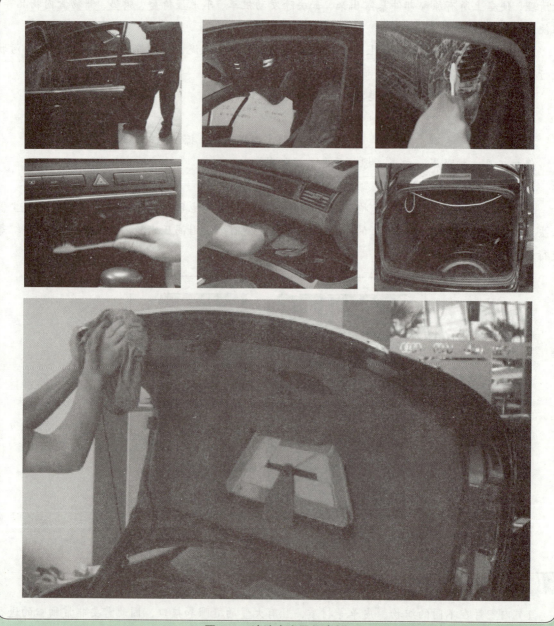

图 6-2　清洗内室及行李舱

（3）发动机舱清洗（图 6-3）

清洗过程应注意车上电器设备及其他需要防水的部件。
具体操作：
操作工具：高压水枪、专用清洗剂、长把刷、表面光洁剂、毛巾。
保护工具：护眼罩、口罩、橡胶手套、橡胶鞋。
工作用时：1~1.5 h。
工作内容：向整个发动机舱喷入强效型发动机清洁剂/去油污剂；浸泡 5 min；用长把刷刷

洗舱内各部位；用风枪吹干；喷涂表面光洁剂，20 min 后用毛巾擦拭；清洁空气滤清器，必要时进行更换。

图 6-3　发动机舱清洗

注意事项：注意蓄电池、车大灯、发动机节气门等部位进水；建议清洗前切断蓄电池电路。

（4）清洗底盘及轮胎（图 6-4）

底盘和轮胎是附着泥土、污渍较多的位置，虽不明显影响外观，但对翻新后的车辆品质也有很大影响。

具体操作：

操作工具：高压水枪、擦洗海绵、专用清洗剂、铜刷、硬毛刷、毛巾。

保护工具：橡胶手套、橡胶鞋。

工作用时：0.5~1h。

工作内容：高压水枪吹车辆轮胎、挡泥板、底盘进行冲刷；对污渍严重部位喷涂清洗剂，并使用毛刷进行刷洗；拆卸车辆四轮，对轮毂、轮胎、制动盘进行逐一清洗；对轮胎、轮毂喷涂清洗剂（对与轮毂存在划伤等情况，应酌情予以处理）；对轮胎、车身上的饰件、密封胶条进行上光保护。

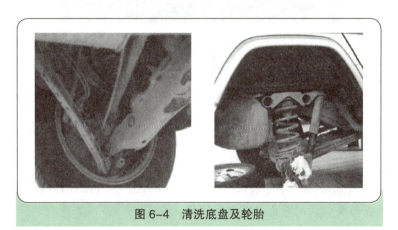

图 6-4　清洗底盘及轮胎

（5）外观翻新（图 6-5）

1）清洁的车辆并不能完全称之为美观，所以一辆经过认真、专业、细致的清洗后的车辆还需要进行总体外观的翻新，以达到美观的效果。

2）外观的翻新主要是对车身漆面上的一些细微的瑕疵进行处理，给车身漆面进行整体养护，产生光亮如新的效果。

具体操作：

操作工具：抛光机、各类研磨剂、漆面蜡、毛巾。

保护工具：手套。

工作用时：3~4 h。

工作内容：选择合适的研磨剂，对车身上轻微划痕进行局部研磨处理；对进行了局部处理的车身位置，进行整板抛光处理；对整车进行抛光、打蜡、封釉处理。

图 6-5　外观翻新

（6）收尾检查（图 6-6）

1）整车的翻新工作结束后，车辆已经变得焕然一新，但可能还存在很多细节性的小问题，因此要进行严格的收尾检查。

2）主要检查内容：内饰各接缝间是否清洁干净，是否存在清洁死角；曾拆卸的部件是否已恢复原位，是否存在安装遗漏；车身表面接缝处是否有研磨、抛光剂残留物质；验收工作应制定规范流程及检查用单证，以避免遗漏检查项目。

通常来说，开展二手车的整修翻新工作可以有以下两个途径：

1）建立二手车整修翻新工厂，对所有收购来的二手车进行规模化的统一整修翻新。

2）建立二手车整修翻新站，为需要对自己的二手车进行美容的二手车用户提供其所需的整修翻新服务。

图 6-6 收尾检查

3. 二手车配送

根据各地区二手车保有量和消费量的不同,以及各地不同的环境,在各地区间开展二手车的配送业务,平衡各地区的二手车供需关系,推动二手车贸易市场的发展,建立一个国际二手车配送网络,为开展国际二手车贸易建立基础。

配送功能的开展要分为国内和国际两部分来进行。

(1) 国内的配送

一方面,根据保有量的不同,可以在我国经济发达地区,如上海,和外地一些经济欠发达地区之间开展二手车的配送业务;另一方面,根据消费观念的不同,可以在我国经济发达地区,如上海,和外地的一些消费观念较落后,一般车主不愿将自己的车折价或低价卖出而造成廉价二手车车源不足的地区之间开展二手车的配送业务。此外,由于上海的环保要求较高,对汽车排气量等指标要求都较严,而外地有些城市的要求则相对低一点,因此上海的一些不符合上海环保要求的二手车也可以配送到外地,而不造成二手车资源的浪费。

(2) 国际的配送

根据各国经济水平和汽车工业发展的不平衡,可以在各国间开展二手车的配送业务,以平衡国际二手车的资源分配。同时也可为上海的二手车消费者积极引进国外的二手车,开拓国际二手车资源。

以上两部分都要求建立其二手车的物流系统,以对国内外的二手车资源进行统一的配送。

4. 二手车销售

在开展二手车的销售之前,首先要对二手车销售区域进行统一的规划,在此基础上,以各个销售区域为单位进行二手车的销售。主要有以下几种销售方式:

1)"二手车超市"销售。以某一二手车贸易公司的总体品牌为出发点，建立二手车超市，对各种不同品牌的二手车进行统一销售。

2）特许经营销售。这就需要建立二手车贸易特许经营体系，建立二手车销售网点，通过二手车贸易公司的特许经销商对各种品牌的二手车进行统一销售。

3）与新车同地销售。借用新车经销商的车辆展示厅的一部分来展示与该新车经销商所经销的新车同一品牌的二手车，以借新车的销售来促进二手车的销售。

4）互联网销售。在网上建立二手车贸易平台，通过互联网进行二手车销售。

5. 二手车置换

二手车置换即通过"以旧换新"来开展二手车贸易，简化更新程序，并使二手车市场和新车市场互相带动，共同发展。客户既可通过支付新旧车之间的差价来一次性完成车辆的更新，也可选择通过其原有二手车的再销售来抵扣购买新车的分期付款。

发挥二手车贸易的置换功能的关键在于对物流、资金流进行控制与协调以及与汽车维修、车辆流通等相关领域以及车辆管理所、客管处、工商、税务等政府机关进行横向沟通和纵向疏导工作。

6. 二手车租赁

该功能可分为用户个人租车、公司租车和长期租赁3个部分。开展二手车租赁服务规范化很重要，实行统一的租赁价格，可以避免二手车租赁公司各自为政而使竞争加剧，价格下降，利润减少的情况，是保证租赁利润的重要条件。另外，目前在国外还兴起一种称为租售的二手车租赁贸易新方式，即在客户购买二手车之前可以先租赁该车一段时期并按比例支付租金，租赁期满后用户可根据租赁期中对该车的满意程度，依照租售合同中的相应条款决定是否购买该车。

7. 二手车售后服务

现今，在贸易领域，售后服务的地位越来越重要，因而，要成功开展二手车贸易，就要充分发挥其售后服务功能。可以通过形成一个统一的二手车售后服务体系，来提高用户对该二手车贸易的信任度和满意程度。开展二手车的售后服务既可以由二手车贸易公司独立开展，也可采取与各地维修商相联合的方式来开展。例如，可与大众公司合作，向客户推出购买二手车后半年免维修费的售后服务，即客户购二手车后半年内车辆发生非事故性故障均可凭注明购买日期的贸易公司售后服务卡前往任何一个大众维修站进行免费维修，其维修费用由贸易公司与大众维修站协商后定期统一支付。

二手车贸易与二手车交易的一个最大的不同点就是要综合上面提到的七大功能,以贸易网络为基础,开展全过程、全方位的二手车贸易。

全过程:对于个人客户来说,二手车贸易应渗入二手车售前、售中到售后服务全过程中;而对于汽车厂商,二手车贸易又应提供从零配件购入,到整车出售的一条龙服务。可以说是要从二手车的收购到售后服务全过程地开展二手车贸易。

二、二手车交易市场分析

1. 影响二手车交易市场营销的环境

二手车流通企业的市场营销过程中,许多因素对其发生影响,这些因素有的是企业内部的,有些是企业外部的。所谓"市场营销环境"是指作用于企业营销活动的一切外界因素和力量的总和。

(1)影响二手车交易市场营销的微观环境

微观环境包括企业本身以及二手车交易市场的经纪人、顾客、竞争者和各种公众,这些都会影响其企业的营销活动。

1)企业本身。它的微观环境包括市场营销管理部门、其他职能部门和最高管理层,如董事会、经理、职工、物资厅(局)、公安、工商、税务、物价等行业主管部门和市场监督管理部门。

2)经纪人。经纪人是指在二手车流通企业的组织下,为买卖双方撮合成交,以取得一定佣金的人。

3)顾客。顾客是指二手车交易的买主、卖主和二手车流通企业的服务对象。

4)竞争者。竞争者主要指本地区从事二手车交易的流通企业和开展以旧换新业务活动的生产企业和经销商。

5)公众。公众是指对二手车流通企业实现目标的能力具有实际或潜在利害关系和影响力的一切团体和个人,包括金融公众、媒介公众、政府公众、群众团体、当地公众、一般公众、内部公众。

(2)影响二手车交易市场的宏观环境

宏观环境是指那些给市场造成机会和环境威胁的主要社会力量,包括人口环境、经济环境、自然环境、政治和法律环境以及社会和文化环境。

1)人口环境。由构成市场的三个主要因素(即有某种需要的人,为满足这种需要的购买能力和购买欲望)可知,二手车交易市场主要是由那些想买二手车,并且有购买力的人构成,而且这种人越多,市场的规模就越大。

2)经济环境。由市场因素可知,购买力是构成市场和影响市场规模大小的一个重要因素。一个地区社会购买力越强,这个地区社会车辆保有量越多,二手车交易市场规模可能越大。而社会购买力又直接或间接受消费者收入、价格水平、储蓄、信贷等经济因素的影响。

3）自然环境。目前这个方面的主要动向：一是机动车的燃料短缺或即将短缺；二是环境污染日益增加；三是政府对自然资源的管理和环境污染的干预日益加强。

4）政治和法律环境。国家的法令、条例，特别是经济立法，对市场消费需求的形成和实现，对机动车的交易、交易价格等都起着至关重要的作用。

5）社会和文化环境。人们在社会中生活，久而久之必然会形成某种特定的文化，包括一定的态度和看法，价值观念、道德规范以及世代相传的风俗习惯等。

对上述影响二手车交易市场营销环境进行了解和分析之后，市场营销学认为：企业必须建立适当的系统，指定一些专业人员，采取适当的措施，经常监视和预测其周围的市场营销环境的发展变化，并善于分析和鉴别由于环境变化而造成的主要机会和威胁，及时采取适当的对策，使其经营管理与市场营销环境的发展变化相适应。

2. 二手车交易动机

（1）顾客买卖二手车是一种需要

机动车辆具有生产资料和生活资料双重属性，随着市场经济体制的建立和发展，各经济组织、各行政事业单位根据自己的需要将机动车辆使用于市场经济的各个领域。在变化的市场经济环境中，人们根据自己再生产、工作和生活的需要，不断地调整和配置车辆的用途，使得这些车辆的流动和转让成为一种必然，成为一种经济现象。

人们为了满足这些需要，产生买或卖的愿望和意念，即产生所谓的买卖心理动机。

（2）顾客买卖二手车的心理动机

顾客买卖双方交易二手车辆，因为每个人的需要不同，经济条件、购买能力不同，再加上社会的、周围的各种环境的影响作用，使得他们在买卖时的心理活动也因人而异，形成各式各样的具体的交易动机。从各自表现特点，粗略归纳为如下3类：

1）求实心理动机。这种动机以注重车辆的使用价值为主要特征，他们使用购买或转让车辆时，重视车辆的实际效用，经济实惠、省钱省事。

2）求新心理动机。以这种动机为主要特征的购买者，大多数是经济条件较好，购买能力很强。他们使用、购买车辆时追求"时髦、新颖"，他们喜欢尝新，因为新车与旧车的性能、驾驶感觉就是不一样。

3）求名心理动机。这种动机以追求名牌、优质车辆为主要特征。他们重视车辆的品牌和品质，他们以品牌象征自己的名誉、地位、购买能力，满足自己优越感的心理需要。

上述心理动机中，以求实心理动机为主要特征的顾客多数是二手车的购买者，当然也有许多是车辆的转让者；他们根据自己的实际需要，通过交易都获得了更多的使用价值。他们从中得到了许多实惠。以后两种心理动机为特征的顾客基本上是二手车的转让者，受这些心理动机的驱使，他们不断卖旧车、换新车、换名牌车。

3. 二手车消费者购买决策过程

(1) 参与购买的角色

人们在购买决策过程中可能扮演不同的角色,包括:发起者,即首先提出或有意想购买二手车的人;影响者,即其看法或建议对最终决策具有一定影响的人;决策者,即对是否买、为何买、如何买、何处买等方面的购买决策做出完全或部分最后决定的人;购买者,即实际采购人;使用者,即实际使用车辆的人。

(2) 购买行为

当消费者购买二手车时,由于车辆品牌差异大,车辆的新旧程度与价格是否相当,购买者需要有一个学习过程,广泛了解产品性能、特点,反复调查和了解、权衡车辆新旧程度与价格的关系,从而对车辆产生某种看法,最后决定是否购买。

(3) 购买决策过程

在二手车的复杂购买行为中,购买者的购买决策过程由引起需要、产生动机、收集信息、比较挑选、决定购买和购买后的感受等阶段构成。

购买者引起的需要和产生的动机不是马上就能满足的,他们要寻找某些相关信息。购买者信息来源主要有个人来源(家庭、朋友、邻居、熟人)、市场来源(广告、车辆展示、销售人员、二手车市场)、经验来源(实际使用、联想、推断)。在这一阶段购买者要寻求的中心问题是"该买什么样的车?"、"哪里买?"

比较挑选阶段,是购买者决定购买的前奏。他们根据得来的信息,知道市场上有可能销售的二手车品牌,可以考虑选择。这些往往需要进行比较、评价、衡量。他们往往根据购买目的设想出一种"理想"的品牌和车辆,然后在市场上找到实际品牌车辆,通过比较,衡量车辆的效用大小、新旧程度与价格的关系,乃至今后收益的大小等,找到接近理想的品牌车辆,就是购买者选中的对象。

决定购买阶段,顾客选定购买对象后,还没有最后采取购买行为,他们还要根据选定对象的过户手续的繁简、费用大小、资金的筹措等,最后做出具体决定,购买决定一经确定,随即采取购买行为。

购买后的感受。顾客购买后,一般使用一段时间的试用后,通常要对自己的选择进行检验和反省。例如,购买这辆车是否明智,效用是否理想,价格与新旧程度是否相当,是否实惠或吃亏,服务是否周到等这些感受。感受要么满意,要么不满意。如得出满意的结论,购买者会自觉不自觉地成为义务宣传员。

4. 二手车流通企业应树立的市场观念

二手车流通企业的经营有其特殊性，它既不同于生产资料流通企业的机动车贸易公司，也不同于提供纯服务性质的中介服务企业，其经营方式介于两者之间。二手车交易市场的营销管理是在特定的市场营销管理哲学或经营观念指导下进行的。所谓市场营销管理哲学，也就是企业在开展市场营销管理的过程中，在处理企业、顾客和社会三者利益方面所持的态度、思想和观念。二手车交易市场是在市场经济新形势下产生的现代市场，二手车流通企业应树立社会市场营销观念。社会市场营销观念认为，企业的任务是确定各个目标市场的需要、欲望和利益，并以保护或提高消费者和社会福利的方式，比竞争者更有效、更有利地向目标市场提供能够满足其需要、欲望和利益的物品或服务。

5. 顾客让渡价值

在现代市场营销观念指导下，二手车交易中心企业应致力于顾客服务和顾客满意。而要实现顾客满意，需要从多方面开展工作。事实上，顾客在选择二手车交易市场交易时，价格只是考虑的因素之一，他们真正看重的是"顾客满意价值"。

（1）顾客让渡价值的含义

顾客让渡价值是指顾客总价值与顾客总成本之间的差额。顾客总价值是指顾客购买某一产品与服务所期望获得的一组利益，它包括产品价值，服务价值，人员价值和形象价值等。顾客总成本是指顾客为购买某一产品所消耗的时间、精神、体力以及所支付的货币资金，因此顾客总成本包括货币成本、时间成本、精神成本和体力成本等。

由于顾客在选购二手车时，总希望把有关成本包括货币、时间、精神和体力等降到最低限度，而同时又希望从中获得更多的实际利益，以使自己的需要得到最大限度的满足。因此，顾客在选购产品时，往往从价值与成本两个方面进行比较，从中选择出价值最高，成本最低，即顾客让渡价值最大的产品作为优先选购的对象。

（2）顾客购买的总价值

使顾客获得更大顾客让渡价值的途径之一，是增加顾客购买的总价值。顾客总价值由二手车产品价值、服务价值、人员价值和形象价值构成，其中每一项价值因素的变化均对总价值产生影响。

1）二手车产品价值。产品价值是由产品的功能、特性、品牌等产生的价值。它是顾客需要的中心内容，也是顾客选购产品的关键和主要因素。

2）服务价值。服务价值是指伴随产品实体的出售，二手车交易中心向顾客提供的各种附加服务，如为顾客寻找资源，提供信息服务、免费刊登广告、咨询服务、代办工商验证、临牌、车籍过户等产生的价值。

3）人员价值。人员价值是指二手车交易市场企业员工的经营思想、知识水平、业务能力、工作效益与质量、经营作风、应变能力等所产生的价值。企业员工的高素质决定着为顾客提供高质量的服务。

4）形象价值。形象价值是二手车交易市场及其产品、服务在社会公众中的总体形象所产生的价值，包括市场的展车、工作场所及工作场所硬件设施所构成的有形形象产生的价值，企业员工的职业道德行为、经营行为、服务态度、工作作风等行为形象所产生的价值，以及企业的价值观念、管理哲学等理念、形象所产生的价值等。形象价值与产品价值、服务价值、人员价值密切相关，在很大程度上是上述3个方面价值综合作用的反映和结果。形象对于企业来说是宝贵的无形资产，良好的形象会对企业的产品产生巨大的支持作用，赋予产品较高的价值，从而带给顾客精神上和心理上的满足感、信任感，使顾客的需要获得更高层次和更大限度的满足，从而增加顾客购买的总价值。

（3）顾客购买的总成本

使顾客获得更大顾客让渡价值的途径之二，是降低顾客购买的总成本。顾客在成本不仅包括货币成本，而且包括时间成本、体力成本等非货币成本。一般情况下，顾客购买产品时首先要考虑货币成本的大小，因此，货币成本是构成顾客总成本大小的主要和基本因素。在货币成本相同的情况下，顾客在购买时还要考虑所花费的时间、精神、体力等，因此这些支出也是构成顾客在成本的重要因素。

1）货币成本。货币成本是指顾客购买二手车的货币总支出，它包括车辆自身的购置价格、运输费、社控定编费、交易手续费、转籍过户的手续费等。

2）时间成本。时间成本是指顾客购买二手车从比较挑选阶段至车辆转籍过户后花费的总时间，它包括本人对车辆的考察比较、挑选和成交手续的办理、转籍过户手续的办理所花费的时间。在顾客总价值由于其他成本一定的情况下，时间成本越低，顾客购买的总成本越小，从而顾客的让渡价值越大。二手车流通企业的管理者一方面自己为顾客提供优质服务，另一方面应该依靠自己的优势协助顾客分析信息资料，比较选择车辆，协助指导办理过户手续，尽可能为顾客减少时间成本。

3）精力成本。精神与体力成本，它是指顾客购买二手车时，在精神、体力方面的耗费与支出。在顾客总价值与其他成本一定的情况下，精神与体力成本越小，顾客为购买产品支出的总成本就越低，从而让渡价值越大。

在现代市场经济条件下，二手车交易市场树立顾客让渡价值观念，对于加强市场营销管理，提高企业经济效益具有十分重要的意义。顾客获得顾客让渡价值的最大化，必然导致企业成本增加，利润减小，因此市场管理者应该兼顾两方面的利益。

6. 不同档次二手车型市场状况分析

（1）5万元以下二手车（图6-7）

主要代表车型：夏利、奥拓、富康、奇瑞QQ、桑塔纳、高尔、北斗星、派立奥、赛欧等。

平均周转时间：3 天。

不宜周转时间：大于 14 天。

平均利润率：6%~8%。

风险系数：较低，适宜初步运作，行情掌握容易。

主要影响因素：环保政策、汽油价格、限制行驶等。

图 6-7　5 元以下二手车

（2）5~10 万元二手车（图 6-8）

主要代表车型：捷达、桑塔纳 2000、爱丽舍、POLO、福美来、伊兰特、切诺基、飞度、威驰等。

平均周转时间：4 天。

不宜周转时间：大约 15 天。

平均利润率：5%~8%。

风险系数：一般，相对比较适宜初步运作，行情变化较频繁，但是幅度不高。

主要影响因素：环保政策、汽油价格、新车降价、新车型冲击。

图 6-8　5~10 万元二手车

（3）10~20 万元二手车（图 6-9）

主要代表车型：宝来、凯越、雅阁、帕萨特、别克君威、马自达 M6、尼桑风度、风神蓝鸟、现代库派、别克 GL8 等。

平均周转时间：12 天。

不宜周转时间：大于 28 天。

平均利润率：8%~10%。

风险系数：较高，比较适宜中等程度运作，行情变化较频繁，且幅度较高。

主要影响因素：新车降价、新车型、竞争车型冲击。

图 6-9　10~20 万元二手车

（4）20~50 万元二手车（图 6-10）

主要代表车型：奥迪 A4/A6、皇冠、天籁、奔驰 C/E 系列、宝马 3/5 系列、沃尔沃 S80、路虎发现 2/神行者、丰田陆地巡洋舰/普拉多等。

平均周转时间：22 天。

不宜周转时间：大约 45 天。

平均利润率：12%~15%。

风险系数：较高，比较适宜中等程度运作，行情变化较频繁，且幅度较高。

主要影响因素：新车降价、新车型、竞争车型冲击、政府税收政策等。

图 6-10　20~50 万元二手车

（5）50~100 万元二手车（图 6-11）

主要代表车型：奔驰 S、ML 系列、宝马 7/X5 系列、大众途锐、保时捷卡宴、奥迪 A8 系列、加长林肯、莱克萨斯 LS、悍马等。

平均周转时间：95 天。

不宜周转时间：大约 150 天。

平均利润率：15%~18%。

风险系数：很高，比较适宜熟练程度运作和大资金流量，行情变化较频繁，且幅度较高。

主要影响因素：新车降价、政府税费调整、进口二手车、库存量等。

图 6-11　50~100 万元二手车

（6）100 万元以上二手车（图 6-12）

主要代表车型：新款年份较近奔驰 S600、宝马 760 Li、路虎览胜、保时捷 911 卡雷拉、加长凯迪拉克、奔驰 AMG 系列、宝马 M 系列、法拉利、劳斯莱斯、迈巴赫、宾利等。

平均周转时间：45 天。

不宜周转时间：不定。

平均利润率：20%~30%。

风险系数：一般，比较适宜熟练程度运作和大资金流量，竞争车型少。

主要影响因素：购进车辆价格、库存资金压力等。

图 6-12　100 万元以上二手车

以上是不同档次的二手车型市场状况的具体分析。

任务二　二手车收购评估

一、二手车收购评估的思路与方法

二手车收购评估有其特定的目的，其评估的方法是在二手车鉴定评估的基础上充分考虑市场的供求关系，对评估的价格做快速变现的特殊处理。

1. 以清算价格的思想方法估算收购价格

清算价格的特点是企业（或个人）由于破产或其他原因（如急于转向投资、急还贷款等），要求在一定的期限内将车辆快速转卖变现。顾客要求快速转卖变现，因此其收购评估大大低于二手车市场成交的同类型车辆的公平市价，一般来说也低于车辆现时状态客观存在的价格。

2. 以重置成本、现行市价折扣的思想方法估算收购价格

这种方法是先以重置成本法、现行市价法对二手车进行鉴定，估算现时的客观价格，再根据快速变现原则，估定一个折扣率并以此估算出收购价格。

3. 以快速折旧的思想方法估算收购价格

机动车辆的折旧，是根据车辆的价值采用使用年限法计算折旧额，在所有折旧方法中，使用年限法是应用最广泛的方法。但是使用年限法不能反映当代科学技术进步的客观要求，不能准确反映机动车辆价值损耗的客观实际，因此，推荐引用快速折旧的思想方法来估算收购价格。

二、二手车收购价格的计算

1. 二手车收购应该注意考虑的问题

在二手车的收购评估中，应该着重注意考虑如下几个问题：

1）二手车收购要充分考虑车辆的完全价值，即车辆实体的产品价值和车辆牌证、税费等各项手续的价值。如果收购车辆的证件和规费凭证不全，不但会造成经济损失，而且可能造成转籍过户中意想不到的麻烦，带来许多难以解决的后续问题。

2）二手车收购要密切注视市场的微观环境，也要关注宏观环境，即注意国家宏观政策、国家和地方法规的因素变化和影响导致的车辆经济性贬值。例如，某车辆燃油消耗量较高，在实行公路养路费的环境中收购车辆不会引起足够的注意，刚刚收购后不久，国家改征燃油附加税，则这辆车因为油耗量高、附加费用高而难以销售出手，很明显，收购这辆车不能给公司带来经济效益。

3）二手车收购后应支出的费用。二手车收购除了支付车辆产品的货币以外，从收购到售出时限内，还要支出的费用有车船税、保险费、日常保养费、停车费、收购支出的货币利息和其他管理费等。

4）二手车的收购要防止收购偷盗车、伪劣拼装车，要预防收购那些伪造手续凭证，伪造车辆档案的车辆。一旦有失误，不仅给公司造成直接经济损失，更严重的是造成社会的不良影响，而损害公司的公众形象。

2. 二手车收购价格的确定

二手车收购价格的确定是指在被收购车辆手续齐全的前提下对车辆实体价格的确定。如果所缺失的手续能以货币支出补办，则收购价格应扣除补办手续的货币支出、时间和精力的成本支出。

（1）运用重置成本法

对二手车进行鉴定评估，然后根据快速变现的原则，估定一个折扣率，将被收购车辆的估算价格乘以折扣率，即得二手车的收购价格。用数学式表示为

$$收购价格 = 评估价格 \times 折扣率 \qquad (6-1)$$

（2）运用现行市价法

对二手车确定评估价格，再根据上述办法计算收购价格，表达式同式（6-1）。

折扣率是指车辆能够当即出售的清算价格与现行市场价格的比值。它是根据经营者对市场销售情况的充分调查和了解，凭经验而估算的。

（3）运用快速折旧法

首先计算出二手车已使用年数累计折旧额，然后，将重置成本全价减去累计折旧额，再减去车辆需要维修换件的总费用，即得二手车收购价格。用数学式表达为

$$收购价格 = 重置成本全价 - 累计折旧额 - 维修费用 \qquad (6-2)$$

重置成本全价一律采用国内现行市场价格作为被收购车辆的重置成本全价。折旧额的计算通常采用快速折旧法——年份数求和折旧法和双倍余额递减折旧法（课题五已做讨论）。

三、二手车收购评估与鉴定评估的区别

二手车的收购是二手车交易市场的经营业务之一,二手车的收购评估与二手车鉴定评估的实质都是对二手车做现时价格评估,但两者相比有明显的区别,主要表现在:

1. 二者评估的主体不同

二手车收购评估的主体是买卖当事人,它是以购买者的身份与卖方进行的价格估算与洽谈,根据供求价格规律可以讨价还价,自由定价;而二手车的鉴定评估是公正性、服务性的买卖中间人,它遵循独立的原则,通过对评估车辆的技术鉴定的全面判断来反映其客观价值,不可以随意变动。

2. 二者评估的目的不同

二手车收购评估是购买者当事人估算车辆价格,以把握事实真相,心中有数地与卖主讨价还价,它是以经营为目的的;二手车鉴定评估是受委托人委托,为被评估对象将要发生的经济行为提供价值依据,它是以服务为目的的。

3. 二者评估的思想和方法不同

二手车鉴定评估,它要求严格遵守国家颁布的有关评估法规,按特定的目的选择与之相匹配的评估标准和方法,具有约束性;二手车收购评估接受国家有关评估法规的指导,根据评估目的,参照评估的标准和方法进行,具有灵活性。

4. 二者评估的价值概念不同

虽然鉴定评估与收购评估的价值概念都具有交易价值和市场价值,而收购价格受快速变现原则的影响,其价格大大低于"市场价格"。

任务三　二手车销售定价

二手车流通企业在二手车收购与销售经营活动中，二手车的销售价格是决定收入和利润的唯一因素。因此，企业必须根据成本、需求、竞争及国家方针、政策、法规并运用一定的定价方法、技巧来对其产品制定切实可行的价格政策。为了使定价工作有效、顺利地进行，保证定价工作的规范化，按以下5个步骤进行，即分析定价因素→确定定价目标→选择定价方法→制定定价策略→确定最终价格。

一、二手车销售定价应考虑的因素

1. 成本因素

企业在二手车的销售定价时，成本是首先必须考虑的基本因素。二手车的销售价格如果不能补偿成本，企业的经营活动就难以维持。二手车销售定价时应考虑收购车辆的总成本费用，总成本费用由固定成本费用和变动成本费用之和构成。

（1）固定成本费用

固定成本费用是指在既定的经营目标内，不随收购车辆的变化而变动的成本费用。例如，分摊在这一经营项目的固定资产的折旧、管理人员的工资等项支出。

（2）固定成本费用摊销率

固定成本费用摊销率是指单位收购价值所包含的固定成本费用，即固定成本费用与收购车辆总价值之比。例如，某企业根据经营目标，预计某年度收购100万元的车辆价值，分摊固定成本费用1万元，则单位固定成本费用摊销率为1%。如花费4万元收购一辆旧桑塔纳，则应该将400元计入固定成本费用。

（3）变动成本费用

变动成本费用指收购车辆随收购价格和其他费用而相应变动的费用，主要包括车辆实体的价格、运输费、公路养路费、保险费、日常维护费、维修费、资金占用的利息等。

由上面成本分析可知，一辆二手车收购的总成本费用是这辆车应分摊的固定成本费用与变动成本费用之和，用数学式表达为

$$二手车的总成本费用 = 收购价格 \times 固定成本费用摊销率 + 变动成本费 \tag{6-3}$$

2. 供求关系

在市场经济体系下，供求状态也是制定销售价格时所依据的基本因素之一。二手车的销售定价，一方面必须补偿所耗的成本费用并保证一定利润的获得；另一方面也必须适应市场对该产品的供求变化，能够被购买者接受。否则，二手车的销售价格，便陷于一厢情愿的境地而难于出手。二手车的销售同其他商品一样同样遵守供求价格规律。

（1）需求与价格规律

所谓需求，是指在一定价格条件下，消费者对商品和劳务具有货币支付能力的需要。经济学上的"需求"和"需要"是两个不同的概念。"需要"指消费者购买商品的愿望和欲望，而"需求"不仅要求消费者具有主观愿望，而且还必须有购买力。这样，一种商品的需求量，就是指在一定条件下，消费者想购买的数量，消费者有支付能力的需要量，一定时期、一定地点的需求量。

从某商品的需求量与价格看来，在其他因素不变的情况下，价格上升，需求量就会减少；价格下降，需求量就会增加。需求量与价格呈反比例关系变化，这通常被称为需求-价格规律。

（2）供给与价格规律

所谓供给，是指在一定时期，一定价格条件下，经营者愿意并可能出售的商品数量。关于供给量，应理解为：它是经营者愿意向消费者提供的商品数量，而不是实际销量；它是能够提供销售的数量，即是一种有效供应量；它是一定价格条件下的供给量；它只是反映一定时期的供给量。

从某商品供给量与价格看来，在其他因素不变的情况下，价格上升，刺激供应量增加；价格下降，供应量就减少。价格与供应量呈正比例变化，这就是供给-价格规律。

（3）供求与均衡价格

供给规律和需求规律只侧重了一个方面，而没有综合考虑供求两个方面。实际上，在竞争市场上，供求同时决定价格的形成。假定其他条件不变，供不应求会导致价格上升，供过于求导致价格下降。或者说，价格上升，导致供给增加、需求减少；价格下降，导致供给减少，需求增加。价格变化使供求呈反向运动，运动的结果使市场趋于均衡点。这时，供给量等于需求量，供给价格等于需求价格。因此，均衡价格是市场上某种商品供给量和需求量相等时的价格，也是需求价格和供给价格相一致时的价格。

根据以上分析，可以得出这样一个结论：需求大于供给，价格就会上升，需求小于供给，价格就会下降，市场的一切交易活动和价格的变动都受这一定律的支配。这就是供求规律或称供求法则。它是市场变化的基本规律。

价格受供求影响而有规律性的变动过程中，不同商品的变动幅度是不一样的。因此在销售定价时还要考虑需求价格弹性。所谓需求价格弹性，是指因价格变动而引起的需求相应的变动率，它反映需求变动对价格变动的敏感程度。对于二手车来说，其需求弹性较强，即二手车价格的上升（或下降）会引起需求量较大幅度的减少（增加）。因此，在二手车的销售定价时，应该把价格定得低一些，应该以薄利多销达到增加盈利，服务顾客的目的。

3. 竞争状况

二手车的销售定价要考虑本地区同行业竞争对手的价格状况，根据自己的市场地位和定价的目标，确定自己的价格水平。

二、二手车销售定价的目标

二手车销售定价的目标是指企业通过制定价格水平，凭借价格产生的效用来达到预期的目的要求。企业在定价以前，必须根据企业的内部和外部环境，制定出既不违背国家的方针政策，又能协调企业的其他经营目标的价格。企业定价目标类型较多，见表6-1。二手车流通企业要根据自己树立的市场观念、市场微观和宏观环境，确立自己的销售定价目标。

表 6-1 企业定价目标分类

利润目标	最大利润目标 适度利润目标 预期投资收益目标
销量目标	最大销量目标 保持和扩大市场占有率目标 保持与分销渠道的良好关系目标
竞争目标	维持企业生存目标 保持和稳定价格目标 应付和避免价格竞争目标 取得市场领先地位目标

1. 追求利润最大化的定价目标

这种定价目标指的是企业希望获得最大限度的销售利润或投资收益，这几乎是所有企业的共同愿望和追求的目标。这种定价目标是对需求和成本的充分了解，从而制定确保当期利润最大化的价格。

2. 以获取适度利润的定价目标

适度利润目标又称"满意利润目标"，是一种使企业经营者和股东（所有者）都感到比较满意，比较适当的利润目标，利润既不太高，也不是太低。采用这种定价目标，企业通常是在以下几种情况：在市场竞争中，为保全自己，减少风险，抛弃高利企图，维持平均利润；根据企业自身的实力，追求适度的利润水平，比较合情、合理、合法；其他的定价目标，难以保证相应利润水平和营销目的的实现。

3. 以取得预期投资收益为定价目标

预期投资收益目标又称"目标投资利润目标"，这种定价目标是指企业确定一定的投资收益率或资金利润率，使产品定价在成本的基础上加入企业预期收益。企业预期销售实现了，预期收益也就实现了。

4. 以保持或扩大市场占有率的定价目标

对于二手车流通企业来说，市场占有率即该企业二手车的销售量或销售额在同行业市场销售总量中的比例。市场占有率是企业经营状况和企业竞争力的直接反映。一个企业只有在市场份额逐渐扩大，销售逐渐增加，竞争力逐渐增强的情况下，才有可能得到正常发展。这种定价目标，以较长时间的低价策略来保持和扩大市场占有率，增强企业竞争实力，最终获得最优利润。

三、二手车销售定价的方法

定价方法是企业为实现其定价目的所采用的具体方法，根据企业的定价目标，价格的计算方法有成本导向定价、需求导向定价和竞争导向定价三大类，每一大类中又有许多种具体方法。根据二手车销售的实际情况，我们选择性地介绍如下：

1. 成本加成定价法

成本加成定价法是成本导向定价法大类中的一种方法，它是按照单位成本加上一定百分比的加成来制定产品的销售价格，其公式为

二手车销售价格＝单位完全成本 ×（1+成本加成率）

采用成本加成定价法的关键在于确定成本加成率，前面讲过二手车的需求弹性较大，应该把价格定得低一些，加成率宜低，由此薄利多销。我们用进货成本来衡量，其加成率＝毛利（加成）/进货成本。

单位完全成本是指一辆二手车的总成本费用，包括这辆车应摊销的固定成本和变动成本之和。

2. 需求导向定价法

这种定价方法又称顾客导向定价法或市场导向定价法。它不是根据产品成本状况来定价，而是根据市场需求状况和消费者对产品的感觉差异来确定价格。其特点是，产品的销售价格随需求的变动而变化。

3. 竞争导向定价法

　　这种定价方法是企业根据自身的竞争力，参考成本和供求情况，将价格定得高于、等于或低于竞争者价格，以实现企业定价目标和总体经营战略目标，谋求企业的生存和发展的一种方法。

　　上述定价方法中，成本加成定价法深受企业界欢迎，主要有以下原因：

　　1）成本的不确定性一般比需求少，将价格紧跟单位成本，可以大大简化企业定价程序，而不必根据需求情况的瞬息万变而做调整。

　　2）只要行业中所有企业都采取这种定价方法，则价格在成本与加成相似的情况下也大致相似，价格竞争也会因此减至最低限度。

　　3）成本加成法对买方和卖方来讲都比较公平，当买方需求强烈时，卖方不利用这一有利条件谋取额外利益而仍能获得公平的投资报酬。

课题七 二手车交易实务

【知识目标】

1. 了解二手车交易的类型及交易的相关规定；
2. 学会二手车交易流程；
3. 学会二手车交易时各种业务的办理方法及程序；
4. 能够进行二手车交易时各种手续的办理和变更；
5. 能够进行二手车交易的合同建立。

【技能目标】

掌握二手车交易的各种手续办理程序及方法。

任务一 二手车交易类型

一、二手车交易类型

二手车交易是一种产权交易，实现二手车所有权从卖方到买方的转移过程。二手车必须完成所有权转移登记（即过户）才算是合法、完整的交易。根据《二手车流通管理办法》规定，二手车交易有以下几种类型：

1. 直接交易

二手车直接交易是指二手车所有人不通过经销企业、拍卖企业和经纪机构将车辆直接出售给买方的交易行为。交易可以在二手车交易市场内进行，也可以在场外进行。

2. 中介经营

中介经营是指二手车买卖双方通过中介方的帮助而实现交易，中介方收取约定佣金的一种交易行为。中介经营包括二手车经纪、二手车拍卖等。

（1）二手车经纪

二手车经纪是指二手车经纪机构以收取佣金为目的，为促成他人交易二手车而从事居间、行纪或者代理等经营活动。

（2）二手车拍卖

二手车拍卖是指二手车拍卖企业以公开竞价的形式将二手车转让给最高应价者的经营活动。

3. 二手车销售

二手车销售是指二手车销售企业收购、销售二手车的经营活动。二手车置换也是一种二手车经销行为。二手车置换是指客户在汽车销售公司购买新车时，将目前在用的汽车经过该公司的检测估价后以一定的折价抵扣部分新车款的一种交易方式。目前二手车置换业务主要是在同品牌的车型中开展，汽车销售企业将置换的汽车经过一定的检测、维修后，作为一辆认证二手车卖给消费者。目前，我国已有部分汽车品牌开展了认证二手车销售业务，如上海通用"诚新二手车"。

二手车典当不赎回情况也可以算做一种二手车销售。二手车典当是指二手车所有人将其拥有的、具有合法手续的车辆质押给典当公司，典当公司支付典当当金，封存质押车辆，双方约定在一定期限内由出典人（二手车所有人）结清典当本息、赎回车辆的一种贷款行为。典当时二手车所有人须持合法有效的手续到典当行办理典当手续，由典当行工作人员和车主当面查验，填写《机动车抵押/注销抵押登记申请表》（表7-1），此申请表必须交到车辆管理所备案），然后封入典当公司的专业车辆库房。如果到约定的赎回期限二手车所有人不赎回车辆，则典当行就可以依据协议自行处置该车，如出售。

表7-1 机动车抵押/注销抵押登记申请表

附件8　　　　　　　　机动车抵押/注销抵押登记申请表

机动车登记书编号			号牌号码		
申请登记种类		□抵押登记		□注销抵押登记	
抵押人	姓名/名称			抵押人签章：	
	住所地址				
	身份证明名称		号码		
	联系电话			（人个签字/单位盖章）	
	邮政编码			年　　月　　日	
抵押权人	姓名/名称			抵押权人签章：	
	住所地址				
	身份证明名称		号码		
	联系电话			（人个签字/单位盖章）	
	邮政编码			年　　月　　日	
相关资料		□主合同　合同编号：_____		□抵押合同　合同编号：_____	
申请方式	抵押人			抵押权人	
	□本人申请			□本人申请	
	□委托_____代理申请			□委托_____代理申请	
抵押人的代理人	姓名/名称			联系电话	
	住所地址				
	身份证明名称		号码		
	经办人	姓　　名		抵押权人的代理人签章：	
		身份证明名称	号码		
		住所地址		（个人签字/单位盖章）	
		签　　字	年　　月　　日	年　　月　　日	

续表

抵押权人的代理人	姓名/名称			联系电话	
	住所地址				
	身份证明名称		号码		
	经办人	姓　名		抵押权人的代理人签章：	
		身份证明名　称	号码		
		住所地址		（个人签字/单位盖章）	
		签字	年　月　日	年　月　日	

二、二手车交易者类型

二手车可以在任何身份的人群中交易。根据二手车买卖双方身份不同，二手车交易者有以下 4 种类型：

1）个人对个人交易：二手车所有权人为个人，二手车买受人也是个人。
2）个人对单位交易：二手车所有权人为个人，二手车买受人是单位。
3）单位对个人交易：二手车所有权人为单位，二手车买受人是个人。
4）单位对单位交易：二手车所有权人为单位，二手车买受人也是单位。

三、二手车交易的相关规定

根据《二手车交易规范》的规定：

1. 二手车交易地点

二手车应在车辆注册登记所在地交易，即二手车不允许在异地交易。

2. 二手车办理转移登记手续地点

二手车转移登记手续应按照公安部门有关规定在原车辆注册登记所在地公安机关交通管理部门办理。需要进行异地转移登记的，由车辆原属地公安机关交通管理部门办理车辆转出手续，在接收地公安机关交通管理部门办理车辆转入手续。

3. 建立二手车交易档案

交易后，二手车交易市场经营者、经销企业、拍卖公司应建立交易档案。交易档案主要包括以下内容：

1）法定证明、凭证复印件（主要包括车辆号牌、机动车登记证书、机动车行驶证和机动车安全技术检验合格标志）。

2）购车原始发票或者最近一次交易发票复印件。

3）买卖双方身份证明或者机构代码证书复印件。

4）委托人及授权代理人身份证或者机构代码证书，以及授权委托书复印件。

5）交易合同原件。

6）二手车经销企业的《车辆信息表》、二手车拍卖公司的《拍卖车辆信息》和《二手车拍卖成交确认书》。

7）其他需要存档的有关资料。

交易档案保留期限不少于3年。

任务二　二手车交易过户业务

二手车过户过程实际上分为两个步骤：车辆交易过户和转移登记过户，两个步骤缺一不可。交易过户业务在二手车交易市场里办理，获取《二手车销售统一发票》；转移登记过户业务在车管所办理，主要完成《机动车登记证书》的变更登记、核发《机动车行驶证》及机动车号牌。办理二手车交易时，如果原车主不来，可以授权委托其他人来办理交易及过户手续，但必须签署授权委托书。此委托书只在办理交易过户业务时使用，而办理转移登记过户业务不用。

一、验车

验车是买卖双方到二手车市场办理过户业务的第一道程序，由市场主办方委派负责过户的业务人员办理。验车的主要目的是检查车辆和行驶证上的内容是否一致，对车辆的合法性进行验证。检查的内容包括车主姓名、车辆名称、车辆的号牌号码、车辆类型、车辆识别代码、发动机号、排气量、初次登记日期等，经检查无误后，填写车辆检验单，进入检验手续阶段。车辆检验单式样如图7-1所示。

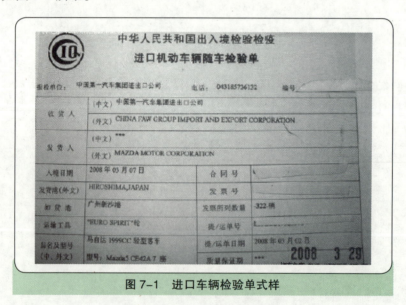

图7-1　进口车辆检验单式样

二、验手续

验手续主要查验车辆手续和机动车所有人身份证明。目的是检验买卖双方所提供的所有手续是否具备办理过户的条件，检查有无缺失以及不符合规定的手续。

1. 车辆手续检查

车辆手续是指能够满足机动车上路行驶所需要的各种手续，主要包括按照国家有关法律法规以及地方法规要求应该办理的各项有效证件和应该交纳的税、费凭证。在对车辆进行价值评估时，除了车辆本身的实体价值以外，车辆合法证件和税费等均属于无形价值，是构成车辆具有使用价值的重要组成部分。只有手续合法，所应交纳的税费及其凭证无缺失，才能使车辆在交易环节具有完全的价值。如果车辆出现在使用中拖欠养路费、车船使用税、欠缴购置附加税、不按时年检等情况时，即使车辆状况很好，也不具有实际使用价值。

（1）查验证件

查验证件的目的是查验交易车辆的合法性。每辆合法注册登记的机动车都有车辆管理所核发的机动车登记证书和机动车行驶证、机动车号牌，号牌必须悬挂在车体指定位置。二手车交易时主要查验以下证件：机动车来历证明、机动车登记证书和机动车行驶证。

（2）查验税费证明

根据《二手车流通管理办法》规定，二手车交易必须提供车辆购置税、车船使用税和车辆保险单等税费缴付凭证。

2. 机动车所有人身份证明

机动车所有人身份证明是证实车主身份的证明，目的是查验机动车所有人是否合法拥有该车的处置权。车主的身份证明有以下几种情况：

1）如果车主为自然人，则身份证件为个人身份证。个人身份又有本地和外地个人之分：本市个人，只需身份证原件；外地个人，需身份证原件和暂住证原件。

2）如果车主为企业，则身份证件为企业的法人代码证书。

3）如果车主为外籍公民，则身份证件为其护照及工作（居留）证。

根据《二手车交易规范》规定，二手车交易市场经营者和二手车经营主体应按下列项目确认卖方的身份及车辆的合法性：

1）卖方身份证明或者机构代码证书原件合法有效。

2）车辆号牌、机动车登记证书、机动车行驶证、机动车安全技术检验合格标志真实、合法、有效。

3）交易车辆不属于《二手车流通管理办法》第二十三条规定禁止交易的车辆。

同时，二手车交易市场经营者和二手车经营主体应核实卖方的所有权或处置权证明。车辆所有权或处置权证明应符合下列条件：

1）机动车登记证书、行驶证与卖方身份证明名称一致；国家机关、国有企事业单位出售的车辆，应附有资产处理证明。

2）委托出售的车辆，卖方应提供车主授权委托书和身份证明。

3）二手车经销企业销售的车辆，应具有车辆收购合同等能够证明经销企业拥有该车所有权或处置权的相关材料，以及原车主身份证明复印件。原车主名称应与机动车登记证、行驶证名称一致。

三、查违法

查违法就是查询交易的二手车是否有违法行为记录。具体方法是登录车辆管理部门的信息数据库或查询网站进行查询。例如，北京市机动车违法行为的查询可登录北京市公安局公安交通管理局网站（http://www.bjjtgl.gov.cn/publish/portal0），输入车牌号和发动机号（图7-2）即可查询到该车是否有违法记录。

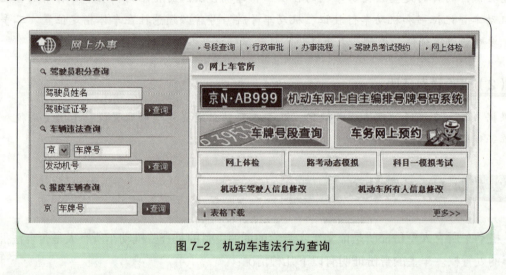

图7-2 机动车违法行为查询

四、签订交易合同

根据《二手车流通管理办法》规定，二手车交易双方应该签订交易合同，要在合同当中对二手车的状况、来源的合法性、费用负担以及出现问题的解决方法等各方面进行约定，以便分清各自的责任和义务。

二手车经过查验和评估后，其车辆的真实性和基本价格已基本确定。如果车主不同意评估价格，可以和二手车销售企业协商达成最终交易的价格，同时，需要原车主对其车辆的一些其他事宜（使用年限、行驶千米数、安全隐患、有无违章记录等）做出一个书面承诺。这些都是以签订交易合同的形式来确定的。交易合同是确立买卖双方交易关系和履行责任的法律合约，是办理交易手续和过户手续的必要凭证之一。目前全国还没有统一的二手车交易合同格式，以下介绍的是北京市二手车买卖合同。

北京市旧机动车买卖合同

合同编号：_____

提示：本合同适用于在我市行政区域内进行的旧机动车买卖交易。签订合同前，当事人请仔细阅读合同各项条款，并根据自身情况如实填写。

依据《中华人民共和国合同法》及相关规定，买卖双方在平等、自愿、公平、诚实信用的基础上，就旧机动车买卖的有关事宜协商达成协议如下：

第一条 卖方依法出卖具备以下条件的旧机动车（注：批量交易车辆请填写合同附件）

车主名称：_____；号牌号码：_____；厂牌型号：_____；初次登记日期：_____；行驶里程数：_____。

车辆使用性质：□客运、□货运、□出租、□租赁、□非营运、□其他。

车辆状况：_____。

第二条 车辆成交价格及交验车

车辆成交价格为（不含税费）_____元；大写：_____元。

车辆过户、转籍过程中发生的税、费负担方式为□买方负责、□卖方负责、□_____。

买方应于_____年____月____日在_____（地点）同卖方当面验收车辆及审验相关文件，并自验收、审验无误起_____日内向卖方支付车价款。

卖方应在收到车价款后向买方交付车辆及相关文件，并在_____日内协助买方办理完车辆过户、转籍手续。（注：双方约定分期付款的，可就付款时间及车辆交付等问题在第六条中约定。）

相关文件包括：机动车行驶证、机动车登记证书、车辆购置税证明、税讫证明、车辆年检证明、_____。

第三条 双方权利义务

1.卖方应保证对出卖车辆享有所有权或处置权，且该车符合相关规定能够依法办理过户、转籍手续。

2.卖方应保证向买方提供的相关文件真实有效及其对车辆状况的陈述完整、真实，不存在隐瞒或虚假成分。

3.买方应按约定时间、地点与卖方当面验收车辆及审验相关文件，并按约定支付车价款。

4.卖方收取车价款后，应开具合法、有效的收款凭证。

5.车辆交付后办理过户、转籍过程中，因车辆使用发生的问题由_____负责。

第四条 违约责任

1.第三人对车辆主张权利并有确实证据的，卖方应承担由此给买方造成的一切损失。

2.买方未按约定支付车价款的，应每日按未交车价款_____%的标准支付违约金。

3.卖方未按约定交付车辆及相关文件的，应每日接车价款_____%的标准支付违约金。

4.因卖方原因致使车辆在规定期间内不能办理过户、转籍手续的，买方有权要求卖方返还车价款并承担一切损失；因买方原因致使车辆在规定期限不能办理过户、转籍手续的，卖方有权要求买方返还车辆并承担一切损失。

第五条 合同争议的解决办法

本合同项下发生的争议,由双方当事人协商或申请调解解决;协商或调解解决不成的,依法向_____人民法院起诉,或按另行达成的仲裁条款或仲裁协议提起仲裁。

第六条 其他约定事项:_____

_____。

本合同一式三份,买方一份,卖方一份,备案部门一份。本合同在双方签字盖章后生效。合同生效后,双方对合同内容的变更或补充应采取书面形式,作为本合同的附件。附件与本合同具有同等的法律效力。

买方(章):   卖方(章):
住所: 住所:
电话: 电话:
证照号码: 证照号码:
委托代理人: 委托代理人:
电话: 电话:

签订时间: 签订地点:

五、交纳手续费

手续费,俗称过户费,是指在二手车交易市场中办理交易过户业务相关手续的服务费用。

2005年10月颁布实施《二手车流通管理办法》之前,二手车过户费的收取,是按照车辆评估价值的一定比例征收的,也是二手车交易市场的主要利润来源。以北京为例,过户费是按照车辆评估价2.5%的比例来收取的。例如,某二手车评估值为10万元,按照2.5%的比例,即过户费为2 500元。如果交易一辆评估值为50万元的二手车,过户费就是125 00元;而一辆评估值为5万元的车辆,过户费为1 250元。但就过户业务本身而言,两辆车的过户手续办理步骤是一致的,所需要的时间及人工成本也是一样的,但过户费却相差10倍,显然有失公允,这实际上抬高了交易成本,并转嫁给消费者。

2005年10月1日实施《二手车流通管理办法》以后,取消了强制评估,也就意味着,按照车辆评估价一定比例征收过户费的情况已被取消,取代之的是收取服务费。对于服务费的收取标准,国家没有统一规定,由各个市场根据服务项目和内容自己决定。

目前,很多二手车交易市场的服务费是按照汽车的排量来进行定额收取的,小排量少收,大排量多收。例如,北京市旧机动车交易市场收取标准按排量、年份、价格来划分,并设有起始价和最低价。车辆初次登记日期一年以内的车型按起始价收取费用,然后按使用年份逐年递减,直至最低价。微型轿车的过户费用200元起,1.0排量的轿车300元起,两者的过户费用最高均为600元。然后随着排量的增大,过户费用也随着增加,3.0排量的轿车最高的过户费用为4 000元,最低为500元。相应的相同排量的客车与货车的过户费用低于轿车,最低的微型货车和农用车的过户费用只需100元。北京中联二手车交易市场服务费采用定额收取的方式,统一标准为每辆车 800 元。对于 1.3~3.0 排量的车型实行减半，即 400 元的优惠征收标准；对于 1.3 排量以下的，执行 200 元的优惠征收标准。

六、开具二手车销售统一发票

二手车销售发票是二手车的来历证明，是办理转移登记手续变更的重要文件，因此，它又被称为"过户发票"。过户发票的有效期为一个月，买卖双方应在此期间内，到车辆管理部门办理机动车行驶证、机动车登记证的相关变更手续。

二手车销售统一发票由从事二手车交易的市场、有开票资格的二手车经销企业或拍卖企业开具；二手车经纪公司和消费者个人之间二手车交易发票由二手车交易市场统一开具。二手车销售统一发票是采用压感纸印制的计算机票，一式 5 联，其中存根联、记账联、入库联由开票方留存；发票联交购车方、转移登记联交公安车辆管理部门办理过户手续。二手车销售发票的价款中不包括过户手续费和评估费。

开具的发票必须经驻场工商部门审验合格后，在已经开具的"二手车销售统一发票"上加盖"工商行政管理局旧机动车市场管理专用章"发票才能生效（图 7-3），该步骤称为工商验证。

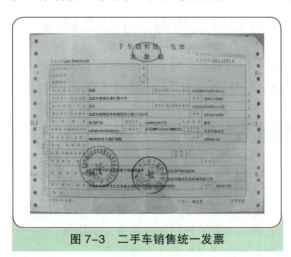

图 7-3　二手车销售统一发票

七、手续交付

二手车交易完成后，卖方应当及时向买方交付车辆、号牌及车辆法定证明、凭证。车辆法定证明、凭证主要包括:《机动车登记证书》《机动车行驶证》、有效的机动车安全技术检验合格标志、车辆购置税完税证明、车船使用税缴付凭证、车辆保险单。

任务三　办理车辆转移过户登记手续

二手车交易像买房子一样属于产权交易范畴，涉及相关的证明文件和必要手续。二手车交易后必须办理这些证明文件的转移登记手续。机动车产权证明是指《机动车登记证书》、《机动车行驶证》和机动车号牌。根据买卖双方的住所是否在同一车辆管理所管辖区内，机动车产权转移登记手续可分为同一车辆管理所管辖区内的所有权转移登记（即同城转移登记）和不同车辆管理所管辖区的所有权转移登记（即异地转移登记）两种登记方式。

二手车同城转移登记手续应当在原车辆注册登记所在地公安交通管理部门办理。需要进行异地转移登记的，由车辆原属地公安交通管理部门办理车辆迁出手续，在接收地公安交通管理部门办理车辆迁入手续。

一、二手车办理转移登记所需的手续及证件

二手车在同城交易和所有权转移登记时，根据买卖双方身份不同，二手车交易分4种交易类型（前已叙述），办理转移登记时所需的手续和证件也相应不同。

1. 二手车所有权由个人转移给个人

1）卖方个人身份证原件及复印件；
2）买方个人身份证原件及复印件；
3）车辆原始购置发票或上次交易过户发票原件及复印件；
4）过户车辆的《机动车登记证书》原件及复印件；
5）过户车辆的《机动车行驶证》原件及复印件；
6）二手车买卖合同；
7）外地户口需持暂住证；
8）过户车辆到场。

2. 二手车所有权由个人转移给单位

9）卖方个人身份证原件及复印件；
10）买方单位法人代码证原件及复印件（须在年检有效期之内）；
11）车辆原始购置发票或上次交易过户发票原件及复印件；
12）过户车辆的《机动车登记证书》原件及复印件；

13）过户车辆的《机动车行驶证》原件及复印件；

14）二手车买卖合同；

15）过户车辆到场。

3. 二手车所有权由单位转移给个人

16）卖方单位法人代码证原件及复印件（须在年检有效期之内）；

17）买方个人身份证原件及复印件；

18）车辆原始购置发票或上次交易过户发票原件及复印件；

19）卖方单位须按实际成交价格给买方个人开具成交发票，且提供复印件；

20）过户车辆的《机动车登记证书》原件及复印件；

21）过户车辆的《机动车行驶证》原件及复印件；

22）二手车买卖合同；

23）过户车辆到场。

4. 二手车所有权由单位转移给单位

24）卖方单位法人代码证原件及复印件（须在年检有效期之内）；

25）买方单位法人代码证原件及复印件（须在年检有效期之内）；

26）车辆原始购置发票或上次交易过户发票原件及复印件；

27）卖方单位须按实际成交价格给买方单位开具成交发票，且提供复印件；

28）过户车辆的《机动车登记证书》原件及复印件；

29）过户车辆的《机动车行驶证》原件及复印件；

30）二手车买卖合同；

31）过户车辆到场。

二、同城车辆所有权转移登记

办理已注册登记的机动车在同城（同一车辆管理所管辖区内）发生所有权转移时，只需要更改车主姓名（单位名称）和住所等资料，机动车及机动车号牌可以不变更。这种变更情形习惯上称为办理过户手续，即把机动车原车主的登记信息变更为新车主的登记信息。

1. 过户登记的程序

1）提出申请：现车主向车辆管理所提出机动车产权转移申请，填写《机动车转移登记申请表》（表7-2）。

表 7-2　机动车转移传记申请表

机动车登记证书编号		号牌号码		
申请事项	□机动车在车辆管理所管辖区内的转移登记　　□机动车转出车辆管理所管辖区的转移登记			
现机动车所有人	姓名/名称		联系电话	
	住所地址		邮政编码	
	身份证明名称	号码	□常住人口　□暂住人口	
	居住/暂住证明名称		号码	
机动车	机动车使用性质	□公路客运　□公交客运　□出租客运　□租赁　□货运　□旅游客运　□非营运　□警用　□消防　□救护　□工程抢险　□营转非　□出租营转非		
	机动车获得方式	□购买　□中奖　□仲裁裁决　□继承　□赠与　□协议抵偿债务　□资产重组　□资产整体买卖　□调拨　□法院调解、裁定、判决		
	机动车品牌型号			
	车辆识别代号/车架号			
	发动机号码			
相关资料	来历凭证	□销售/交易发票　□《调解书》　□《裁定书》　□《判决书》　□《仲裁判决书》　□相关文书　□批准文件　□调拨证明　□权益转让证明书		
	其他	□《中华人民共和国海关监管车辆解除监管证明书》　□《协助执行通知书》　□《公证书》　□身份证明　□行驶证	现代动车所有人：	
事项明细	转入地车辆管理所名称		车辆管理所	
申请方式	□由现机动车所有人申请 □现机动车所有人委托＿＿＿＿＿＿＿代理申请		（个人签字/单位盖章） 　　　　年　　月　　日	
代理人经办人	姓名/名称		联系电话	
	住所地址			
	身份证明名称	号码	代理人：	
	姓　名			
	身份证明名称	号码		
	住所地址		（个人签名/单位盖章）	
	签字	年　　月　　日	年　　月　　日	

续表

> 填表说明：
> （1）填写时使用黑色、蓝色墨水笔，字体工整；
> （2）标注有"□"符号的为选择项目，选择后在"□"中画"√"；
> （3）现机动车所有人的住所地址栏，属于个人的，填写实际居住的地址；属于单位的，填写组织机构代码证书上签注的地址；
> （4）机动车栏的"机动车品牌型号""车辆识别代码/车架号""发动机号码"项目，按照车辆的技术说明书、合格证等资料标注的内空与车辆核对后填写

2）交验车辆：现车主将机动车送到机动车检测站检测，查验车辆识别代码/车架号码是否有凿改，和车辆识别代码/车架号码的拓印膜（图7-4）是否一致。如果是已经超过检验周期的机动车，还要进行安全检测。

3）受理审核资料：受理转移登记申请，查验并收存相关资料，向现车主出具受理凭证。审批相关手续，符合规定的在计算机登记系统中确认；不符合规定的说明理由开具退办单，将资料退回车主。

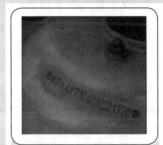

图7-4　VIN编码拓印膜

4）办理新旧车主信息资料的转移登记手续：如果需要改变机动车登记编号的，则进行机动车号牌选号、照相，重新确定机动车登记编号，最后，在《机动车登记证书》上记载转移登记事项。

5）收回原《机动车行驶证》，核发新的《机动车行驶证》。

6）需要改变机动车登记编号的，收回原机动车号牌、《机动车行驶证》，确定新的机动车登记编号，重新核发机动车号牌、《机动车行驶证》和检验合格标志。

2. 过户登记需要的材料

1）机动车转移登记申请表。

2）现车主的身份证明。

①机关、学校、工厂、公司等行政、事业、企业单位和社会团体的身份证明，是《组织机构代码证书》。上述单位已注销、撤销或者破产，其机动车需要办理变更登记、转移登记、注销登记和补领机动车登记证书、号牌、行驶证的，已注销的企业单位的身份证明，是工商行政管理部门出具的注销证明。已撤销的机关、事业单位的身份证明，是其上级主管机关出具的有关证明。已破产的企业单位的身份证明，是依法成立的财产清算机构出具的有关证明。

②外国驻华使馆、领馆和外国驻华办事机构、国际组织驻华代表机构的身份证明，是该使馆、领馆或者该办事机构、代表机构出具的证明。

③居民的身份证明，是居民身份证或者居民户口簿；在暂住地居住的内地居民，其身份证明是居民身份证和公安机关核发的居住、暂住证明。

④军人（含武警）的身份证明，是居民身份证。

⑤香港、澳门特别行政区，台湾地区居民的身份证明，是其入境的身份证明和居留证明。

⑥外国人的身份证明，是其入境的身份证明和居留证明。
⑦外国驻华使馆、领馆人员，国际组织驻华代表机构人员的身份证明，是外交部核发的有效身份证件。

3）《机动车登记证书》（原件）。
4）《机动车行驶证》（原件）。
5）解除海关监管的机动车，应当提交监管海关出具的《中华人民共和国海关监管车辆解除监管证明书》。
6）机动车来历凭证（二手车交易的机动车来历凭证就是二手车销售统一发票）。
7）车辆购置税完税证明。
8）所购买的二手车。

3. 过户登记的事项

1）现车主的姓名或者单位名称、身份证明名称、身份证明号码、住所地址、邮政编码和联系电话。住所地址是指：
①单位住所的地址为其《组织机构代码证书》记载的地址。
②居民住所的地址为其居民户口簿或者居民身份证或者暂住证记载的地址。
③军人住所的地址为其团以上单位出具的本人住所地址证明记载的地址。
④香港、澳门特别行政区的居民，台湾居民和外国人住所的地址为其居留证件记载的地址。
2）机动车获得方式：机动车获得方式是指人民法院调解、裁定、判决、仲裁机构仲裁裁决、购买、继承、赠予、中奖、协议抵偿债务、资产重组、资产整体买卖和调拨等。
3）机动车来历凭证的名称、编号。
4）转移登记的日期。
5）海关解除监管的机动车，登记海关出具的《中华人民共和国海关监管车辆解除监管证明书》的名称、编号。
6）改变机动车登记编号的，登记机动车登记编号。

4. 不能办理过户登记的情形

有下列情形之一的，不能办理过户登记：
1）车主提交的证明、凭证无效的。
2）机动车来历凭证涂改的，或者机动车来历凭证记载的车主与身份证明不符的。
3）车主提交的证明、凭证与机动车不符的。
4）机动车未经国家机动车产品主管部门许可生产、销售或者未经国家进口机动车主管部门许可进口的。

5）机动车的有关技术数据与国家机动车产品主管部门公告的数据不符的。
6）机动车达到国家规定的强制报废标准的。
7）机动车属于被盗抢的。
8）机动车与该车的档案记载的内容不一致的。
9）机动车未被海关解除监管的。
10）机动车在抵押期间的。
11）机动车或者机动车档案被人民法院、人民检察院非行政执法部门依法查封、扣押的。
12）机动车涉及未处理完毕的道路交通安全违法行为或者交通事故的。

三、异地车辆所有权转移登记

二手车交易后，如果新车主和原车主的住所不在同一城市里，不能直接办理《机动车登记证书》和《机动车行驶证》的变更，需要到新车主住所所属的车辆管理所管辖区内办理。这就牵涉到二手车转出和转入登记问题。

1. 转出登记

车辆转出登记是指在现车辆管理所管辖区内已注册登记的车辆，办理车辆档案转出的手续。

（1）转出登记程序

现车主提出申请（填写《机动车转移登记申请表》，见表7-2）→车辆管理所受理审核资料→确认车辆→在《机动车登记证书》上记载转出登记事项→收回机动车号牌和《机动车行驶证》→核发临时行驶车号牌，密封机动车档案→交机动车所有人。

（2）转出登记的规定

根据《机动车登记规定》，二手车交易后且现车主的住所不在原车辆管理所管辖区的，现车主应当于机动车交付之日（以二手车销售发票上登记日期为准）起30日内，向原二手车管辖地车辆管理所提出转移登记申请，填写《机动车转移登记申请表》（见表7-2），有些地方还要求车主签订外迁保证书。

（3）转出登记需要的资料

现车主在规定的时间内，持下列资料，向原二手车管辖地车辆管理所申请转出登记，并交验车辆：
1）机动车转移登记申请表。
2）现车主的身份证明。
3）《机动车登记证书》（原件）。

4）机动车来历凭证（二手车销售发票注册登记联原件）。

5）如果属于解除海关监管的机动车，应当提交监管海关出具的《中华人民共和国海关监管车辆解除监管证明书》。

6）交回机动车号牌和《机动车行驶证》。

（4）转出登记事项

车辆管理所办理转出登记时，要在《机动车登记证书》上记载下列转出登记事项：

1）现车主的姓名或者单位名称、身份证明名称、身份证明号码、住所地址、邮政编码和联系电话。

2）机动车获得方式。

3）机动车来历凭证的名称、编号。

4）转移登记的日期。

5）海关解除监管的机动车，登记海关出具的《中华人民共和国海关监管车辆解除监管证明书》的名称、编号。

6）改变机动车登记编号的，登记机动车登记编号。

7）登记转入地车辆管理所的名称。

完成转出登记的办理后，收回机动车号牌和《机动车行驶证》，核发临时行驶车号牌，密封机动车档案，交给车主到转入地办理转入登记手续。

2. 转入登记

（1）机动车转入登记的条件

1）现车主的住所属于本地车管所登记规定范围的。

2）转入机动车符合国家机动车登记规定的。

（2）转入登记规定

根据《机动车登记规定》，机动车档案转出原车辆管理所后，机动车所有人必须在90日内携带车辆及档案资料到住所地车辆管理所申请机动车转入登记。

（3）转入登记程序

车主提出申请→交验车辆→车辆管理所受理申请→审核资料→在《机动车登记证书》上记载转入登记事项→核发机动车号牌、《机动车行驶证》和检验合格标志。

1）提出申请：车主向转入地车辆管理所提出转入申请，填写《机动车注册登记/转入申请表》。

2）交验车辆：车主将机动车送到机动车检测站检测，车管所民警确认机动车的唯一性，查验车辆识别代号（车架号码）有无凿改嫌疑。

3）车辆管理所受理申请：受理转入登记申请，查验并收存机动车档案，向车主出具受理凭证。

4)审核资料:审批相关手续,符合规定的在计算机登记系统中确认,不符合规定的说明理由并开具退办单,将资料退回车主。

5)办理转入登记手续:审验合格后,进行机动车号牌选号、照相、确定机动车登记编号,并在《机动车登记证书》上记载转入登记事项。

6)核发新的机动车号牌和《机动车行驶证》。

(4)转入登记需要的资料

1)《机动车注册登记/转入申请表》。

2)车主的身份证明。

3)《机动车登记证书》。

4)机动车密封档案(原封条无断裂、破损)。

5)申请办理转入登记的机动车的标准照片。

6)海关监管的机动车,还应当提交监管海关出具的《中华人民共和国海关监管车辆进(出)境领(销)牌照通知书》。

由于各地区对车辆环保要求执行不同的标准,如北京市执行"国Ⅲ"标准,并要求所有机动车在办理注册登记,以及申请转入本市的车辆,须加装OBD(On-Board Diagnostics)车辆诊断系统(图7-5)。满足上述条件的,允许机动车注册登记,以及接受转入登记的申请。所以,车主在将车辆转入"转入地"前,应向转入地的车辆管理部门征询该车辆是否符合转入条件。

(5)转入登记事项

车辆管理所办理转入登记时,要在《机动车登记证书》上记载下列登记事项:

1)车主的姓名或者单位名称、身份证明号码或者单位代码、住所的地址、邮政编码和联系电话。

2)机动车的使用性质。

3)转入登记的日期。

属于机动车所有权发生转移的,还应当登记下列事项:

1)机动车获得方式。

2)机动车来历凭证的名称、编号和进口机动车的进口凭证的名称、编号。

图7-5 汽车故障诊断系统OBD

3)机动车办理保险的种类、保险的日期和保险公司的名称。

4)机动车销售单位或者交易市场的名称和机动车销售价格。

(6)不能办理转入登记的情形

有下列情形之一的,不予办理转入登记:

1)机动车所有人擅自改动、更换机动车或者机动车档案的。

2)下同"不能办理过户登记的情形"。

任务四 办理其他税、证变更

二手车交易中,买方在变更车辆产权之后还需要进行车辆购置税、保险合同等文件的变更。各地在变更时对文件的要求不同,可以先到规定办理的单位窗口进行咨询。

一、车辆购置税的变更

车辆购置税的征收部门是车辆登记注册地的主管税务机关,办理变更时,需填写《车辆变动情况登记表》(表7-3),并携带以下资料办理:

表7-3 车辆变动情况登记表

填表日期:　　　年　　月　　日

车主名称			邮政编码	
联系电话			地　址	
完税证明号码				
车辆原牌号			车辆新牌号	
车辆变动情况				
过　户	过户前车主名称		有效凭证号码	
	过户前车主身份证件及号码			
转　籍	转出	车主名称		
		地址		
	转入	车主名称		
		地址		
变　更	变更项目			
	发动机		车架(底盘)	其他
	变更前号码		变更前号码	
	变更后号码		变更后号码	
	变更原因:			
以下由税务机关填写				
接收人:		接收时间:　　年　月　日	车购办(印章):	
备注				

填表说明：
1. 本表由车主到车购办申请办理车辆过户、转籍、变更档案手续时填写。
2. "完税证明号码"栏，按下列要求填写：
1）过户车辆填写过户前车购办核发的完税证明号码。
2）转籍车辆填写转出地车购办核发的完税证明号码。
3）变更车辆填写变更前车购办核发的完税证明号码。
3. "有效凭证号码"栏，填写车辆交易时开具的有效凭证的号码。
4. 本表备注栏填写新核发的完税证明号码。
5. 本表一式二份（一车一表），一份由车主留存，一份由车购办留存。

1. 车辆购置税同城过户业务办理

1）办理车辆购置税同城过户业务提供的资料如下：
①新车主的身份证明。
②二手车交易发票。
③《机动车行驶证》。
④车辆购置税完税证明（正本）。
上述资料均需提供原件及复印件。
2）办理车辆购置税同城过户业务流程：填写《车辆变动情况登记表》→报送资料→办理过户→换领车辆购置税完税证明。

2. 车辆购置税转籍（转出）业务办理

1）办理转籍（转出）业务提供的资料如下：
①车主身份证明。
②车辆交易有效凭证原件（二手车交易发票）。
③车辆购置税完税证明（正本）。
④公安车管部门出具的车辆转出证明材料。
上述资料均需提供原件及复印件。
2）办理转籍（转出）业务流程：填写《车辆变动情况登记表》→报送资料→领取档案资料袋。

3. 车辆购置税转籍（转入）业务办理

1）办理转籍（转入）业务提供资料如下：
①车主身份证明。
②本地公安车管部门核发的机动车行驶证。
③车辆交易有效凭证原件（二手车交易发票）。
④车辆购置税完税证明。
⑤档案转移通知书。

⑥转出地车辆购置税办封签的档案袋。

2）办理转籍（转入）业务流程：填写《车辆变动情况登记表》→报送资料→换领车辆购置税完税证明（正本）。

二、车辆保险合同的变更

在二手车买卖的过程中，办理车辆保险过户是非常重要的一个环节，因为车辆所有权的转移并不意味着车辆保险合同也转移。一般情况下，保险利益随着保险标的所有权的转让而灭失，只有经保险公司同意批改后，保险合同方才重新生效。所以，保险车辆依法过户转让后应到保险公司办理保险合同主体的变更手续，否则车辆受损时保险公司是有权拒赔的。我国《保险法》第34条规定："保险标的的转让应当通知保险人，经保险人同意继续承保后，依法变更合同。"保险公司和车主签订的保险合同一般也约定，在保险合同的有效期限内，保险车辆转卖、转让、赠送他人、变更用途或增加危险程度，被保险人应当事先书面通知保险人并申请办理批改，否则，保险人有权解除保险合同或者有权拒绝赔偿。

1. 办理车辆保险过户的方式

办理车辆保险过户有两种方式：

第一种是对保单要素进行更改，如更换被保险人与车主。

第二种就是申请退保，即把原来那份车险退掉，终止以前的合同。这时保险公司会退还剩余的保费。之后，新车主就可以到任何一家保险公司去重新办理一份车险。

2. 车辆保险合同变更的程序

1）填写一份汽车保险过户申请书，向原投保的保险公司申请办理批改被保险人称谓的手续。申请书上注明保险单号码、车牌号、新旧车主的姓名及过户原因，并签字或盖章，以便保险公司重新核保。

2）带保险单和已过户的机动车行驶证，找保险公司的业务部门办理。

一般情况下，保险公司都会受理并出具一张变更被保险人的批单，批单上面写明了被保险人的变化情况。

案例分析：买卖二手车莫忘保险过户

如今，随着二手车交易的增多，一个新问题也随之产生。很多人在买卖二手车时，以为只要向当地车管所提出机动车转籍更新申请即可，却忘记同时还应通知车辆的保险公司，给车辆保险办理相关的批改手续。

实际上，在二手车买卖的过程中，办理车险过户是非常重要的一个环节，因为车辆所有权的转移并不意味着车辆保险合同也跟着转移了。

　　有位张先生就因为这样的疏忽，失去了要求保险公司为自己车辆赔偿的权利。2003年11月，张先生向某机械厂购买了一辆二手丰田小型栏板货车，并办理了相关的转籍入户手续。此前，该车已投保车辆损失险和附加险，保险金额为人民币20万元，保险期限为2003年1月1日零时至12月31日24时。但张先生买下此车后，并未及时将车主、车牌号变更的情况，及时通知保险公司。

　　11月底，该车发生重大交通事故，保险公司接到报案后，才发现车主及车牌已经变更。由于"被保险人未及时履行如实告知义务"，保险公司拒绝了保险车辆的赔偿要求。对此，张先生难以接受，一纸诉状将保险公司告上法庭。他认为保险合同约定的是对车辆的保险，在此案中，虽然车主与车牌变了，但车辆本身并未变更，保险公司理应承担此次事故的赔偿责任。

　　法院开庭审理后，法院判决不予以支持张先生的诉讼请求。因为保险合同是一种基于最大诚信原则订立的合同，双方的诚信义务高于一般合同，法律要求投保人对保险标的的陈述必须真实。一般情况下，保险利益随着保险标的所有权的转让而灭失，只有经保险公司同意批改后，保险合同方才重新生效。

　　同时，机动车辆保险条款中均有规定，在保险有效期内，保险车辆转卖、转让、赠送他人、变更用途或增加危险程度，被保险人应当书面通知保险公司并申请办理批改，否则保险公司有权拒绝赔偿。

任务五　二手车交易合同

一、订立二手车交易合同的基本准则

二手车交易合同是指二手车经营公司、经纪公司与法人、其他组织和自然人相互之间为实现二手车交易的目的，明确相互权利义务关系，所订立的协议。订立交易合同时须遵守以下基本原则：

1. 合法原则

订立二手车交易合同，必须遵守法律和行政法规。法律法规集中体现了人民的利益和要求。合同的内容及订立合同的程序、形式只有与法律法规相符合，才会具有法律效力，当事人的合法权益才可得到保护。任何单位和个人都不得利用经济合同进行违法活动，扰乱市场秩序，损害国家和社会利益，牟取非法收入。

2. 平等互利、协商一致原则

订立合同的当事人法律地位一律平等，任何一方不得以大欺小、以强凌弱，把自己的意愿强加给对方，双方都必须在完全平等的地位上签订二手车交易合同。二手车交易合同应当在当事人之间充分协商、意思表示一致的基础上订立，采取胁迫、乘人之危、违背当事人真实意志而订立的合同都是无效的，也不允许任何单位和个人进行非法干预。

二、交易合同的主体

二手车交易合同主体是指为了实现二手车交易目的，以自己名义签订交易合同，享有合同权利、承担合同义务的组织和个人。根据《中华人民共和国合同法》的规定，我国合同当事人从其法律地位来划分，可分为以下几种：

1. 法人

法人是指具有民事权利能力和民事行为能力，依法独立享有民事权利和承担民事义务的组织。

它必须具备以下条件：
1）依法成立。
2）有必要的财产或经费。
3）有自己的名称、场所和组织机构。
4）能够独立承担民事责任的企业法人、机关法人、事业单位法人和社会团体法人。

2. 其他组织

其他组织是指合法成立、有一定的组织机构和财产，但又不具备法人资格的组织，如私营独资企业、合伙组织和个体工商户。

3. 自然人

自然人是指具有完全民事行为能力，可以独立进行民事活动的人。

三、交易合同的内容

1. 主要条款

1）标的：指合同当事人双方权利义务共同指向的对象，可以是物也可以是行为。二手车交易合同的标的是被交易的二手车。
2）数量。
3）质量：是标的内在因素和外观形态优劣的标志，是标的满足人们一定需要的具体特征。
4）履行期限、地点和方式。
5）违约责任。
6）根据法律规定的或按合同性质必须具备的条款及当事人一方要求必须规定的条款。

2. 其他条款

其他条款包括合同的包装要求、某种特定的行业规则和当事人之间交易的惯有规则。

四、交易合同的变更和解除

1. 交易合同的变更

　　交易合同的变更，通常是指依法成立的交易合同尚未履行或未完全履行之前，当事人就其内容进行修改和补充而达成的协议。

　　交易合同的变更必须以有效成立的合同为对象：凡未成立或无效的合同，不存在变更问题。交易合同的变更是在原合同的基础上，达成一个或几个新的合同作为修正，以新协议代替原协议。所以，变更作为一种法律行为，使原合同的权利义务关系消灭，新权利义务关系产生。

2. 交易合同的解除

　　交易合同的解除，是指交易合同订立后，没有履行或没有完全履行以前，当事人依法提前终止合同。

3. 交易合同变更和解除的条件

合同法规定，凡发生下列情况之一，允许变更或解除合同：
1）当事人双方经协商同意，并且不因此损害国家利益和社会公共利益。
2）由于不可抗力致使合同的全部义务不能履行。
3）由于另一方在合同约定的期限内没有履行合同。

五、违约责任

　　违约责任，是指交易合同一方或双方当事人由于自己的过错造成合同不能履行或不能完全履行，依照法律或合同约定必须承受的法律制裁。

1. 违约责任的性质

1）等价补偿。凡是已给对方当事人造成财产损失的，就应当承担补偿责任。
2）违约惩罚。合同当事人违反合同的，无论这种违约是否已经给对方当事人造成财产损失，都要依照法律规定或合同约定，承担相应的违约责任。

2. 承担违约责任的条件

1）要有违约行为。要追究违约责任，必须有合同当事人不履行或不完全履行的违约行为。它可分为作为违约和不作为违约。

2）行为人要有过错。过错是指当事人违约行为主观上出于故意或过失。故意，是指当事人应当预见自己的行为会产生一定的不良后果，但仍用积极的不作为或者消极的不作为希望或放任这种后果的发生；过失是指当事人对自己行为的不良后果应当预见或能够预见到，而由于疏忽大意没有预见到或虽已预见到但轻信可以避免，以致产生不良后果。

3. 承担违约责任的方式

1）违约金。违约金，指合同当事人因过错不履行或不适当履行合同，依据法律规定或合同约定，支付给对方一定数额的货币。

根据《合同法》及有关条例或实施细则的规定，违约金分为法定违约金和约定违约金。

2）赔偿金。赔偿金，指合同当事人一方过错违约给另一方当事人造成损失超过违约金数额时，由违约方当事人支付给对方当事人的一定数额的补偿货币。

3）继续履行。继续履行，指合同违约方支付违约金、赔偿金后，应对方的要求，在对方指定或双方约定的期限内，继续完成没有履行的那部分合同义务。

违约方在支付了违约金、赔偿金后，合同关系尚未终止，违约方有义务继续按约履行，最终实现合同目的。

六、合同纠纷处理方式

合同纠纷，指合同当事人之间因对合同的履行状况及不履行的后果所发生的争议。根据《合同法》及有关条例的规定，我国合同纠纷的解决方式一般有协商解决、调解解决、仲裁和诉讼4种方式。

1. 协商解决

协商解决是指合同当事人之间直接磋商，自行解决彼此间发生的合同纠纷。这是合同当事人在自愿、互谅互让基础上，按照法律、法规的规定和合同的约定，解决合同纠纷的一种方式。

2. 调解解决

调解解决是指由合同当事人以外的第三人（交易市场管理部门或二手车交易管理协会）出面调解，使争议双方在互谅互让基础上自愿达成解决纠纷的协议。

3. 仲裁

仲裁是指合同当事人将合同纠纷提交国家规定的仲裁机关，由仲裁机关对合同纠纷做出裁决的一种活动。

4. 诉讼

诉讼是指合同当事人之间发生争议而合同中未规定仲裁条款或发生争议后也未达成仲裁协议的情况下，由当事人一方将争议提交有管辖权的法院按诉讼程序审理做出判决的活动。

七、二手车交易合同的种类

二手车交易合同按当事人在合同中处于出让、受让或居间中介的不同情况，可分为二手车买卖合同和二手车居间合同两种。

1. 二手车买卖合同

1）出让人（售车方）：有意向出让二手车合法产权的法人或其他组织、自然人。
2）受让人（购车方）：有意向受让二手车合法产权的法人或其他组织、自然人。

2. 二手车居间合同（一般有三方当事人）

3）出让人（售车方）：有意向出让二手车合法产权的法人或其他组织、自然人。
4）受让人（购车方）：有意向受让二手车合法产权的法人或其他组织、自然人。
5）中介人（居间方）：合法拥有二手车中介交易资质的二手车经纪公司。

二手车买卖合同实例

例一：二手车买卖合同

上海市二手车买卖合同

合同编号：_____

签约地址：_____

出卖人（以下简称甲方）：_____

买受人（以下简称乙方）：_____

第一条　目的

依据有关法律、法规和规章的规定，甲、乙双方在自愿、平等和协商一致的基础上，就二手车买卖和完成其他服务事项，签订本合同。

第二条　当事人及车辆情况

（一）甲方基本情况：

1. 单位代码证号 □□□□□□□—□　法定代表人_____

经办人_____身份证号码□□□□□□□□□□□□□□□□□□

单位地址_____

邮政编码_____联系电话_____

2. 自然人身份证号码□□□□□□□□□□□□□□□□□□

现居住地址_____

邮政编码_____联系电话_____

（二）乙方基本情况：

1. 单位代码证号 □□□□□□□—□　法定代表人_____

经办人_____身份证号码□□□□□□□□□□□□□□□□□□

单位地址_____

邮政编码_____联系电话_____

2. 自然人身份证号码□□□□□□□□□□□□□□□□□□

现居住地址_____

邮政编码_____联系电话_____

（三）车辆基本情况：

车辆牌号　沪_____车辆类型_____

厂牌、型号_____颜　　色_____

初次登记日期_____登记证号_____

发动机号码_____车架号码_____

行驶里程_____km　使用年限至_____年____月____日

车辆年检签证有效期至_____年____月　排放标准_____

车辆购置税完税证明证号_____（征税、免税）。
车船使用税纳税记录卡缴付截止期_____
车辆养路费交讫截止期____年____月（证号_____）（注：2009年1月1日已取消）
车辆保险险种_____
保险有效期截止日期____年____月____日
配　　置_____
其他情况_____

第三条　车辆价款、过户手续费

本车价款为人民币_____元（大写_____元），其中包含车辆、备胎以及等款项。

过户手续费约为人民币_____元（大写_____元），由承担（以实际发生费用为准支付）。

第四条　定金和价款的支付、过户手续、车辆交付

（一）乙方应于本合同签订时，按车价款____%（≤20%）人民币____元（大写____元）作为定金支付给甲方。

（二）车辆在过户、转籍手续完成前，选择以下第（　　）项方式使用和保管：

1. 继续由甲方使用和保管。

2. 交由乙方使用和保管。

（三）____方应于本合同签订后____日内，将本车办理过户□/转籍□所需的有关证件原件及复印件交付给____方（做好签收手续），由____方负责办理手续；____方为二手车经销企业时，由____方负责办理（过户□/转籍□）手续。

（四）自过户、转籍手续完成之日起____日内，乙方应向甲方支付车价款人民币____元（大写____元），同时____方付清过户手续费。支付方式：（现金□/转账□）。

（五）如由甲方办理过户、转籍手续的，应于收到全部车价款之日起____日内将有关证件交给乙方；如车辆由甲方使用和保管的应于收到全部车价款之日起　日内将车辆交给乙方（交付地点_____）。

（六）_____

第五条　双方的权利义务

（一）甲方承诺出卖车辆不存在任何权属上的法律问题和尚未处理完毕的道路交通安全违法行为或者交通事故；应提供车辆的使用、维修、事故、检验以及是否办理抵押登记、海关监管、交纳税费期限、使用期限等真实情况和信息。

（二）甲方属二手车经销企业的，还应向乙方提供质量保证及售后服务承诺。

（三）对转出本市的车辆，乙方应了解、确认买受车辆能在转入所在地办理转入手续。

（四）双方应在约定的时间内提供各类证明、证件并确保真实有效。

（五）_____

第六条　违约责任

（一）违反本合同第四条第3款，致使车辆不能过户、转籍，合同无法继续履行的，本合同解除。

甲方违约的,甲方向乙方双倍返还定金并赔偿乙方相应损失;乙方违约的,则乙方无权要求返回定金并赔偿甲方相应损失。

(二)违反本合同第四条第4款,乙方未按合同约定支付的,应按延期天数向甲方支付违约金每天人民币_____元。

(三)违反本合同第四条第5款,甲方延期交付过户、转籍的有关证件或车辆的,应按延期天数向乙方支付违约金每天人民币_____元。

(四)违反本合同第五条第1款,乙方有权解除本合同,甲方应无条件接受退回的车辆并退回乙方全部车款,双倍返还定金并赔偿乙方相应损失。

(五)违反本合同第五条第2款,甲方应向乙方支付车辆价款的___%(人民币_____元)的违约金,并继续提供质量保证及售后服务承诺。

(六)违反本合同第五条第3款,致使车辆不能在转入所在地办理转入手续的,本合同解除,乙方无权要求返还定金,并赔偿甲方相应经济损失。

(七)违反本合同第五条第4款,致使出让车辆不能过户、转籍的,守约方有权解除本合同,违约方应支付人民币_____元给守约方,守约方另有损失的,由违约方赔偿损失。

(八)_____

第七条 风险承担

本合同签订后,车辆在过户、转籍手续完成并实际交付前:

(一)甲方使用和保管的,由甲方承担风险责任。

(二)乙方使用和保管的,由乙方承担风险责任。

第八条 争议解决方式

因本合同发生的争议,由双方协商解决,或向有关行业组织及消费者权益保护委员会申请调解。

当事人不愿协商、调解,或协商、调解不成的,按下列第_____种方式解决:

(一)向上海仲裁委员会申请仲裁;

(二)向人民法院起诉。

第九条 其他

(一)本合同未约定的事项,按照《中华人民共和国合同法》、《二手车流通管理办法》以及有关的法律、法规和规章执行。

(二)双方因履行本合同而签署的补充协议及提供的其他书面文件,均为本合同不可分割的一部分,具有同等法律效力。

(三)本合同经双方当事人签字或盖章后生效。本合同一式三份,由甲方、乙方和二手车交易市场各执一份,具有同等法律效力。

(四)_____

甲方(签章):   乙方(签章):
法定代表人(签章):   法定代表人(签章):

经 办 人：　　　　　　　　　　　经 办 人：
开户银行：　　　　　　　　　　　开户银行：
账 　 号：　　　　　　　　　　　账 　 号：
签约时间：　　年　月　日　　　　签约时间：　　年　月　日

例二：二手车居间合同

上海市二手车交易合同

合同编号：_____

签约地址：_____

出卖委托人（以下简称甲方）：_____

买受委托人（以下简称乙方）：_____

居　间　人（以下简称丙方）：_____

第一条　目的

依据有关法律、法规、规章的规定，为完成二手车交易的相关事项，三方在自愿、平等和协商一致的基础上签订本合同。

第二条　当事人及车辆情况

（一）甲方基本情况：

1. 单位代码证号 □□□□□□□□—□ 法定代表人_____

经办人_____身份证号码□□□□□□□□□□□□□□□□□□

单位地址_____

邮政编码_____联系电话_____

2. 自然人身份证号码□□□□□□□□□□□□□□□□□□

现居住地址_____

邮政编码_____联系电话_____

（二）乙方基本情况：

1. 单位代码证号 □□□□□□□□—□ 法定代表人_____

经办人_____身份证号码 □□□□□□□□□□□□□□□□□□

单位地址_____

邮政编码_____联系电话_____

2. 自然人身份证号码□□□□□□□□□□□□□□□□□□

现居住地址_____

邮政编码_____联系电话_____

（三）丙方基本情况：

单位代码证号　□□□□□□□□—□ 法定代表人_____

执业经纪人_____执业经纪人证书号　□□□□□□□□

执业经纪人身份证号　□□□□□□□□□□□□□□□□□□
单位地址 _____
邮政编码_____联系电话_____

（四）车辆基本情况：

车辆牌号　沪_____车辆类型_____

厂牌、型号 _____颜　色_____

初次登记日期_____登记证号_____

发动机号码_____车架号码_____

行驶里程_____km　使用年限至_____年___月___日

车辆年检签证有效期至_____年___月排放标准_____

车辆购置税完税证明证号_____（征税、免税）。

车船使用税纳税记录卡缴付截止期___年___月

车辆养路费交讫截止期___年___月（证号_____）

车辆保险险种_____

保险有效期截止日期　年　月　日

配　　置_____

其他情况_____

第三条　车辆价款、过户手续费

本车价款为人民币_____元（大写_____元），其中包含车辆、备胎以及等款项。

过户手续费约为人民币_____元（大写_____元），由_____承担（以实际发生费用为准支付）。

第四条　定金和价款的支付、过户手续、车辆保管

（一）乙方应于本合同签订时，按车价款____%（≤20%）人民币___元（大写_____元）作为定金支付给甲方。

（二）车辆在过户、转籍手续完成前，选择以下第（　　）项方式使用和保管：

1.继续由甲方使用和保管；

2.交由乙方使用和保管；

3.交由丙方代为保管（车辆应存放于丙方指定地点_____，并由丙方和甲、乙双方查验认可）。

（三）___方应于本合同签订后___日内，将本车办理（过户□／转籍□）手续所需的有关证件原件及复印件交付给___方（做好签收手续），由___方负责办理手续。

（四）自过户、转籍手续完成之日起___日内，乙方应向甲方支付车价款人民币_____元（大写___元），同时，___方付清过户手续费。支付方式：（现金□／转账□）。

（五）自甲方收到全部车价款之日起，___方应于___日内将有关证件交给乙方；车辆使用人或保管人应于___日内将车辆交给乙方（交付地点_____）。

（六）_____

第五条　佣金数额、支付期限、方式

本车成交的佣金为人民币_____元（大写_____元），其中：甲方支付_____元（大写

_____元），乙方支付_____元（大写_____元）。

自本合同签订之日起____日内，甲乙双方各按佣金的____%支付给丙方；自过户、转籍手续完成之日起____日内付清余款。

支付方式：现金□/转账□。

第六条　三方的权利义务

（一）甲方承诺出卖车辆不存在任何权属上的法律问题和尚未处理完毕的道路交通安全违法行为或者交通事故；应提供车辆的使用、修理、事故、检验以及是否办理抵押登记、海关监管、交纳税费期限、使用期限等真实情况和信息。

（二）对转出本市的车辆，乙方应了解、确认买受车辆能在转入所在地办理转入手续。

（三）丙方应向甲乙双方出示营业执照、经纪执业证书等有效证件，收取委托方的各项款项后应分别出具收款凭证。

（四）丙方未经甲乙双方同意不得转委托；并为甲乙双方保守商业秘密。

丙方不得采取欺诈、胁迫和恶意串通等手段促成交易。

（五）各方应在约定的时间内提供各类证明、证件并确保真实有效。

（六）_____

第七条　违约责任

（一）违反本合同第四条第3款，致使车辆不能过户、转籍，合同无法继续履行的，本合同解除。甲方违约的，向乙方双倍返还定金、赔偿乙方相应损失，并向丙方支付违约金人民币____元；乙方违约的，无权要求返回定金、赔偿甲方相应损失，并向丙方支付违约金人民币____元；丙方违约的，向甲、乙双方各支付违约金人民币____元。

（二）违反本合同第四条第4款，乙方未按合同约定支付的，应按延期天数向甲方支付违约金每天人民币____元。

（三）违反本合同第四条第5款，延期交付的违约方应按延期天数向乙方支付违约金每天人民币____元。

（四）违反本合同第六条第1款，乙方有权解除本合同，甲方应无条件接受退回的车辆并退回乙方全部车价款，双倍返还定金并赔偿乙方相应损失；并向丙方支付违约金人民币____元。

（五）违反本合同第六条第2款，致使车辆不能在转入所在地办理转入手续的，本合同解除，定金不予返还，乙方应赔偿甲方相应经济损失，并向丙方支付违约金人民币____元。

（六）违反本合同第六条第4款，守约方有权解除本合同，丙方返还已收取的佣金，并赔偿相应损失。

（七）违反本合同第六条第5款，致使出让车辆不能过户、转籍的，守约方有权解除本合同，违约方应支付人民币____元给守约方，守约方另有损失的，由违约方赔偿损失。

（八）_____

第八条　风险承担

本合同签订后，车辆在过户、转籍手续完成并实际交付前：

（一）甲方使用和保管的，由甲方承担风险责任。

（二）乙方使用和保管的，由乙方承担风险责任。

（三）丙方代为保管的，由丙方承担相应责任。

第九条 争议解决方式

因本合同发生的争议,由当事人协商解决,或向有关行业组织及消费者权益保护委员会申请调解。

当事人不愿协商、调解,或协商、调解不成的,按下列第____种方式解决:

(一)向上海仲裁委员会申请仲裁;

(二)向人民法院起诉。

第十条 其他

1. 本合同未约定的事项,按照《中华人民共和国合同法》、《上海市经纪人条例》、《二手车流通管理办法》以及有关的法律、法规和规章执行。

2. 各方因履行本合同而签署的补充协议及提供的其他书面文件,均为本合同不可分割的一部分,具有同等法律效力。

3. 本合同经各方当事人签字或盖章后生效。本合同一式四份,由甲、乙、丙三方和二手车交易市场各执一份,具有同等法律效力。

4._____

甲方(签章):

法定代表人(签章):

经 办 人:

开户银行:

账   号:

签约时间: 年 月 日

乙方(签章):

法定代表人(签章):

经 办 人:

开户银行:

账   号:

签约时间: 年 月 日

丙方(签章):

营业执照注册号:

法定代表人(签章):

执业经纪人(签名):

执业经纪证书号:

账   号:

签约时间: 年 月 日

参 考 文 献

［1］人社部教材办． 二手车鉴定评估师（基础知识）（第2版）［M］． 北京：中国劳动社会保障出版社，2016．

［2］宁德发． 二手车鉴定评估与交易一本通［M］． 北京：化学工业出版社，2017．

［3］赵培全，周稼铭． 二手车鉴定·评估·交易全程通［M］． 北京：化学工业出版社，2016．

［4］周海涛，孙永科，何加龙． 二手车鉴定评估与交易［M］． 成都：西南交通大学出版社，2019．

［5］朱晓红． 二手车鉴定与评估［M］． 北京：机械工业出版社，2018．

［6］陈永革，陈诚． 二手车贸易（第2版）［M］． 北京：机械工业出版社，2017．

［7］田春霞． 二手车鉴定评估与交易［M］． 北京：机械工业出版社，2017．